COMPIÈGNE HISTORIQUE

ET

MONUMENTAL,

PAR LAMBERT DE BALLYHIER.

I

COMPIÈGNE.
LANGLOIS, LIBRAIRE-ÉDITEUR, PLACE DE L'HOTEL-DE-VILLE, 4.
1842.

COMPIÈGNE HISTORIQUE

ET

MONUMENTAL.

COMPIÈGNE. — IMPRIMERIE DE JULES ESCUYER, RUE DES MINIMES, 7.

COMPIÈGNE HISTORIQUE

ET

MONUMENTAL,

PAR LAMBERT DE BALLYHIER.

I

COMPIÈGNE.
LANGLOIS, LIBRAIRE-ÉDITEUR, PLACE DE L'HOTEL-DE-VILLE, 4.

1842.

En livrant cet ouvrage au public, nous n'avons pas eu la prétention de surpasser ceux qui précédemment ont traité le même sujet. Nous rendons justice au livre qui a pour titre *Compiègne et ses environs*, ainsi qu'à la *Notice historique sur Compiègne* qu'a publiée récemment un de nos compatriotes. Nous ne parlons pas de l'histoire du Valois, œuvre hors rang, dans laquelle les auteurs de ces ouvrages ont puisé une grande partie des faits historiques qu'ils rapportent, et qui offrira toujours une mine abondante à ceux qui seraient tentés d'entreprendre la même tâche que nous. Quoique nous nous soyons écarté du plan des auteurs cités plus haut, nous nous rencontrerons quelquefois sans doute avec eux dans l'exposition des faits historiques, dans la description des monuments, et dans la mention des souvenirs qui s'y rattachent; mais nous enrichirons le nôtre de tout ce qu'on a pu y omettre, et de détails intéressants sur l'époque révolutionnaire.

Cet ouvrage est divisé en deux volumes : le premier traite spécialement de l'Histoire de la ville Compiègne, et comprend trois périodes qui finissent, la première au règne de Charles V, la seconde à l'année 1789, et la troisième à nos jours.

Les deux premières périodes seront divisées en deux parties : la partie historique, et le tableau civil et moral de Compiègne; dans la troisième, ces deux objets se présenteront ensemble.

Pour sauver l'ennui qui naîtrait de la sécheresse des citations historiques, quand un fait arrivé à Compiègne aura de l'importance, nous ferons, pour l'éclairer de toutes les lumières de l'histoire, quelques excursions dans son domaine, ayant soin de rattacher les fils de cette trâme légère à un point unique, Compiègne. Nous terminerons le premier volume par une notice artistique et monumentale de Compiègne, dont nous devons la rédaction à M. Pérint.

Le second volume traitera des environs de Compiègne les plus remarquables ; nous commencerons par la forêt. Nous ferons tous nos efforts pour donner l'historique complet et détaillé des changements survenus dans son administration. Quant aux localités des environs, nous serons obligé de consulter souvent l'historien du Valois; nous dirons dans le meilleur ordre possible tout ce qui les concerne, et nous ajouterons au reste à notre récit tous les faits importants qui s'y sont passés de nos jours.

Nous avons voulu donner une Histoire de Compiègne proprement dite, suivre cette ville dans toutes ses phases, la faire connaître à l'époque du démembrement de l'empire de Charlemagne, quand elle occupait une place importante parmi les autres villes du royaume; la montrer constamment attachée au parti royaliste à cette autre époque de confusion, et de guerres civiles produites par les querelles des Armagnacs et des Bourguignons; Compiègne partageant toujours les instincts populaires du reste de la France, sembla comprendre de bonne heure que la sauvegarde du pays était dans la royauté. Plus tard, lors des guerres de la Ligue, nous verrons encore Compiègne, ville religieuse, rester attachée à la cause royale, et, comme si elle avait puisé dans ces instincts le besoin de l'ordre et l'esprit conservateur, tendre de tous ses efforts, sous la révolution, vers le maintien de la tranquillité et de l'ordre public.

INTRODUCTION.

—

AVANT JULES CÉSAR.

Ce que l'on dit des empires, par rapport aux voies secrètes que suit la providence pour leur conservation et leur prospérité, peut aussi, mais d'une manière moins absolue, s'appliquer aux fractions qui les composent. Un peuple, avant de se former en corps de nation, est d'abord divisé en bourgades; de leur agglomération, suivant les temps et les lieux, se composent des confédérations, et ces dernières, réunies entre elles, forment des empires. Jusqu'au moment où chacune de ces fractions, en retour de sa prépondérance, a pu participer aux bienfaits d'une législation uniforme, d'une organisation vigoureuse, elle a dû, satellite brillant ou obscur de l'état dont elle faisait partie, avoir tour à tour, et comme lui-même, une existence ou misérable ou prospère. C'est en ce sens que l'histoire d'une cité est corrélative de celle du royaume et de l'état auquel elle appartient.

L'arrivée des Romains dans les Gaules est une des causes qui ont le plus contribué à la civilisation de ces contrées. Cependant, quel que soit l'état de barbarie plus ou moins profonde dans lequel les Gaulois étaient plongés à cette époque, ils possédaient néanmoins des qualités qui leur étaient propres. Ils avaient une valeur à toute épreuve, contre laquelle échoua plus d'une fois le plus grand général de l'antiquité. Longtemps avant César, Brenn, général gaulois, faillit étouffer le colosse romain dans son berceau, quand il entra vainqueur dans Rome par la porte Colline. Sauvée de sa destruction par une forte rançon, la ville éternelle combattit plus tard contre les Gaulois, moins pour la gloire que pour la vie [1]. Nous ne parlerons pas des excursions de nos pères dans la Grèce, dans la Thrace et en Asie; de leur alliance avec Annibal, dont ils étaient le corps d'élite; des défaites qu'ils firent éprouver aux Romains lors de leurs conquêtes dans la Gaule Narbonnaise, et que Marius seul put réparer. Nous empruntons à M. Saint-Prosper, auteur du *Monde*, les détails suivants : Les Gaulois avaient une haute stature, la peau blanche, les yeux bleus : ils portaient les cheveux longs ou relevés en touffes au-dessus de la tête. Le petit peuple portait la barbe longue; les nobles ne conservaient que des moustaches. Ils avaient un grand amour de la liberté : ils parlaient peu dans la vie privée; mais au sein des assemblées, ils étaient éloquents; leurs discours abondaient en expressions heureuses, en images grandes et vives. Ils étaient hospitaliers, aimaient l'éclat de la parure et les profusions de la table. Dans leurs rapports avec

---

[1] Salluste, *De Bello. Jur.*

les étrangers, ils faisaient preuve de beaucoup d'adresse ; ils ne craignaient pas de violer leur parole quand il y allait de leur intérêt.

Le pouvoir royal n'était pas connu chez les Gaulois. Leurs prêtres ou druides avaient l'exercice du sacerdoce. Ils gouvernaient le peuple et rendaient la justice. Ils offraient à Dieu des sacrifices humains qui lui étaient d'autant plus agréables que la victime était d'un rang plus élevé. César nous apprend que le paganisme avait pénétré depuis longtemps dans les Gaules. C'était au dieu Mars, qu'ils révéraient sous le nom d'Esus, que les druides immolaient des victimes humaines. Aujourd'hui, beaucoup de noms de lieux rappellent, par leur étymologie, leur première destination. Martimont, par exemple, vient de *Martis mons*, etc. Ils adoraient aussi Mercure sous le nom de Teutatès. Après les druides venaient les chevaliers ou nobles, tous descendant d'anciennes familles ou de chefs de guerre. Ils élisaient un chef que chacun avait le droit de remplacer. Au-dessous, le petit peuple remplissait, auprès des personnages puissants, les offices imposés à l'esclavage.

Les Gaulois exerçaient le commerce par échange ; ils étaient industrieux ; ils inventèrent le placage ; ils réussirent à tisser, à teindre les étoffes. On leur attribue également l'invention de la charrue à roues, et du crible de crin [1].

Avant la conquête, la France, telle qu'elle est aujourd'hui, était divisée en Gaule belgique au nord, en Gaule celtique à l'occident et au centre, en Gaule transalpine au centre et à l'est : enfin la Gaule Narbonnaise, comprenant l'Aquitaine, le pays des Allobroges et des Tectosages, se trouvait au midi. Le pays que nous décrivons était situé au sud-ouest de la Gaule belgique. Cette province était séparée de la Gaule celtique et transalpine par une ligne qui, tirée de la mer au-dessous de la Somme (*Samara*), aurait passé par Beauvais (*Cæsaromagus*), traversé l'Oise (*Isara*) près Pont-Sainte-Maxence, et se serait prolongée au-dessus de la Marne pour venir joindre le Rhin entre Bâle et Strasbourg (*Argentoratum*). Ses habitants s'appelaient *Vadicasses*.

---

[1] Le Monde, hist.

APRÈS JULES CÉSAR.

César, qui entra dans la Gaule, et qui la conquit à la suite de querelles survenues entre diverses confédérations gauloises, dont l'un des chefs, Arioviste, menaçait d'envahir la Gaule cisalpine, alors province romaine, n'y trouva donc point un peuple de barbares. Il y avait des villes fortifiées, des cités florissantes ; on cultivait les terres, et il y avait peu de familles errantes. A cette époque, les forêts de Compiègne, de Villers-Coterêts et de Hallate n'en formaient qu'une seule, aux deux extrémités de laquelle étaient le Laonnois et le Parisis. Verberie, puis Compiègne, furent les premiers lieux habités sur les bords de cette forêt impénétrable.

Plusieurs commentateurs, en donnant au mot Compiègne[1] une racine celte, lui font partager avec Verberie la gloire d'une haute antiquité. En effet, à ne considérer que la cause première de la formation des villes, il n'y a pas de raison pour croire que l'origine de Compiègne soit postérieure à celle de ce bourg. On peut penser que sa position, entre une forêt et une rivière navigable, a dû, dans les premiers temps, engager les habitants de ces contrées à y établir leurs demeures. Les Gaulois, peuples pasteurs, choisissaient de préférence le voisinage des rivières et celui des forêts pour y établir des métairies. Ces lieux offraient à leurs troupeaux de gras pâturages. Chasseurs, les forêts leur fournissaient du gibier, des glandées et des fruits

---

[1] *Comp-en*, belle, et *ty*, habitation.

sauvages pour leurs bestiaux, dont la chair était leur nourriture habituelle. Cependant l'histoire ne fait mention de Compiègne que sous les rois de la première race. Quant à l'origine celte de son nom, qui ferait croire à une plus haute antiquité, elle peut s'expliquer encore : la langue nouvelle, qui se forma après la conquête des Francs, composée de basse latinité et de celte, dut retenir beaucoup de racines de cette dernière langue. On donne encore à Compiègne, pour étymologie, le mot latin *Compendium*, dont Grégoire de Tours est, dit-on, l'auteur. Ce mot, tout latin qu'il est, et qu'on veut faire venir de *A combinantibus fluviis*, ne prouve rien non plus en faveur de son antiquité. Toutefois, vers l'an 286, trois siècles environ après l'établissement des Romains, l'empereur d'Occident, Maximien Hercule, transporta, de la Germanie dans les Gaules, des peuples agriculteurs et guerriers : ils ont dû ou occuper les terres les mieux situées qui étaient restées incultes, ou se livrer à des défrichements, puisqu'ils étaient surtout agriculteurs, ou s'adjoindre aux bourgades déjà formées. Nous n'avons pas la prétention ambitieuse de fixer invariablement l'origine de Compiègne. Avec quelque sagacité que l'on examine les monuments et les changements survenus dans un pays, il est très difficile de préciser d'une manière certaine l'époque de la fondation de la plupart des villes anciennes. Leur berceau, plus ou moins enveloppé de la nuit des temps, se dérobe à toutes les recherches, et on est obligé, après avoir hasardé quelques rapprochements historiques, de se contenter d'une exactitude approximative, et de dater leur existence du jour où l'histoire les fait pour ainsi dire naître à la vie, en mentionnant soit un de leurs monuments, soit un fait qui les concerne. L'introduction d'une législation uniforme a dû amener toutes les peuplades de la Gaule vers l'unité, et en cela les Romains furent secondés par l'esprit particulier des Gaulois qu'on a reconnu tendre toujours vers ce but. Leurs alliés, qui vinrent à la suite des vainqueurs pour prendre possession des terres, en apportant dans ce pays leurs connaissances en agriculture, en industrie, achevèrent de gagner à la civilisation les familles retirées ou vivant dans les forêts. L'introduction des colonies de la Germanie aura dû produire le même résultat. Sortant alors de leur vie oisive, sentant le besoin d'association, les familles formèrent entre elles, ou avec les colons nouvellement arrivés, des agglomérations qui, sous la protection des lois, et avec cette tendance continuelle de l'homme vers son bien-être, avec ces besoins nouveaux qu'enfante le luxe, durent substituer à leurs cabanes des maisons commodes, à leurs métairies des habitations agréables où les les empereurs venaient passer une partie de la belle saison. Enfin on peut regarder Compiègne comme ayant dû sa première origine à un établissement de familles gauloises : accru ensuite vers le troisième siècle par les colonies de Lètes, appelées de Germanie par Maximien Hercule, il devint pour les rois de la première race, comme il l'avait pu être pour les empereurs, un repos de chasse et une habitation royale.

Les Romains, selon le père Carlier, donnèrent le nom de *Sylvacum* à cette longue suite de forêts qui séparaient le Laonnois du Parisis, et le nom de Sylvanectes aux habitants de cette contrée. Cependant, selon les nouvelles cartes des Gaules, le pays dont nous nous occupons fait partie de celui des Vadicasses, contigu à celui des Sylvanectes. Toutefois, cet érudit et laborieux auteur, en écrivant l'histoire du Valois, n'a pas entendu donner celle de Compiègne, qui n'en faisait pas partie ; et la dénomination de Sylvanectes, qu'il a suivie, se trouve d'accord avec la géographie moderne en ce qui a rapport à Senlis, capitale d'un comté du Valois, et qui se trouve dans le pays des Sylvanectes. J'en conclus qu'une notable partie de la contrée qu'il décrit était en effet connue sous ce nom.

Les Sylvanectes ou Vadicasses, dont les mœurs et les coutumes devaient, à quelques nuances près, être les mêmes que celles des Gaulois dont nous avons déjà parlé, subirent comme ceux-ci toutes les influences de la conquête.

Les empereurs romains, à commencer par Auguste, s'attachèrent à effacer chez le peuple conquis tout ce qui pouvait lui rappeler sa nationalité. C'est ainsi que de nouveaux noms furent substitués à ceux des villes les plus importantes. Beauvais s'appella *Cæsaromagus*; Senlis, *Augustomagus*.

Le culte sanglant des druides résista longtemps aux attaques réitérées dont il fut l'objet. Mais avec le secours des temps et des lois les mœurs s'adoucirent.

Nous avons déjà vu que sous le nom de Teutatès, les Sylvanectes rendaient un culte à Mercure : ils l'invoquaient comme le Dieu protecteur du commerce, auquel ils se livraient ainsi que les autres peuplades de la Belgique, mais avec plus de succès. C'est un des points de contact qu'ils avaient avec leurs vainqueurs, qui leur laissèrent leurs usages, leurs franchises, en dédommagement des autres mesures acerbes qui suivent toujours la conquête. Ce culte dut se maintenir plus longtemps parmi eux; protégé par les nouveaux maîtres de la Gaule, dont la politique avait surtout pour objet de propager les moyens de communication, il était plus propre à la fusion de ces peuples que celui d'Esus, dont les horribles cruautés et les lugubres cérémonies ne

pouvaient qu'entretenir dans leur esprit un sombre
fanatisme. Mais les derniers restes de l'ancien culte,
et le paganisme lui-même qui cherchait à s'établir
sur ses débris, devaient bientôt disparaître devant
une religion qui depuis plusieurs siècles appelait les
hommes à avoir les uns pour les autres une bien-
veillance mutuelle. Ce fut vers l'an 250 de Jésus-
Christ que saint Rieul, un des apôtres du christianisme, partit de Rome pour les Gaules avec d'autres missionnaires, pour y venir prêcher l'Évangile; le moment approchait où le colosse romain,
craquant de toutes parts, devait enfin s'abîmer
sous lui-même. L'histoire, jusqu'au moment où
Clovis s'empara des Gaules, ne mentionne plus
que les dernières convulsions de l'empire, dégé-
néré en une anarchie militaire dont le pouvoir
hibride se donnait par les soldats au plus offrant,
et qui usait le reste de ses forces à persécuter une
religion qui devait aussi contribuer à le renver-
ser. Le territoire des Gaules ayant été partagé en
dix-sept provinces, 380 ans après Jésus-Christ, les
lieux que nous décrivons faisaient, au moment de la
conquête des Francs, partie de la seconde Belgique.

Enfin, des hordes sorties du Nord et des forêts de la Germanie, se jetèrent sur l'empire, et le démembrèrent. Les Gaules, dont les richesses n'avaient pas été épuisées par le fisc et les extorsions des proconsuls, devinrent la proie des Francs. Du reste, il ne faut pas croire que l'établissement de ces derniers dans les Gaules ait été le résultat de la victoire à proprement parler. Ce fut plutôt une fusion des deux peuples qui se fit à la faveur de l'analogie de leurs mœurs et de leurs habitudes. Les Francs étaient déjà établis dans le Brabant et dans le nord des Gaules; la religion chrétienne y était florissante; et ce ne fut pas sans garder beaucoup de ménagements à l'égard d'un peuple déjà civilisé par l'occupation romaine, et qu'éclairaient les lumières du christianisme, qu'ils purent achever leur conquête, et consolider leurs établissements. D'ailleurs, dans les luttes que Rome eut à engager sur les champs de bataille de l'Europe et de l'Asie, leurs aïeux avaient dû se rencontrer souvent sous les mêmes drapeaux. Selon l'historien que j'ai déjà cité, voici quelles étaient les mœurs des Francs et leur état politique.

Les affaires de la guerre et du gouvernement se décidaient, chez les Francs, dans des assemblées, à la majorité des voix : les chefs qu'ils élisaient pour la guerre n'étaient que *primi inter pares*, les premiers entre égaux. Ils n'avaient pas de demeures fixes, et campaient tantôt dans un lieu, tantôt dans un autre. Ils n'adoptèrent pas cependant les lois des Gaules au point de laisser effacer leurs propres usages, qui existaient encore à une époque peu reculée. La guerre étant leur occupation habituelle, ils en vivaient. On appelait Antrusions[1] les Francs qui s'enrôlaient volontairement sous les drapeaux d'un chef; et Leudes[2], ceux qu'ils menaient au combat. Ils se partageaient entre eux les bénéfices de la victoire; les fautes, les crimes se rachetaient.

Clovis, chef des Francs-Saliens, n'était donc point un prince absolu; mais les ministres de l'Eglise consolidèrent son pouvoir. De tous les chefs Francs qui précédemment s'étaient établis dans

---

[1] De *an trostein*, se confier.
[2] De *leiten*, conduire.

les Gaules, ils préférèrent Clovis. Ils jugèrent que ce prince, qui était sans croyance positive, se convertirait plus facilement à la religion chrétienne que les autres chefs francs qui étaient ariens, et à demi-éclairés. Pendant qu'il livrait aux Allemands la bataille de Tolbiac, il fit le vœu d'adopter la religion chrétienne s'il obtenait la victoire : le succès ayant comblé ses espérances, il reçut (an 500) le baptême des mains de saint Remi, évêque de Reims, qui lui adressa ces mots : « Sicambre, « baisse la tête, et humilie ton cœur; brûle désor- « mais ce que tu as adoré, et adore ce que tu as « brûlé [1]. » Depuis ce moment, « Simple capi- « taine d'un petit peuple, il se trouva tout-à-coup « général d'une grande armée [2]. » Enfin, l'ambition et la politique le rendirent cruel : ce ne fut qu'en décimant sa famille, et en exterminant tous les chefs francs qui lui donnaient de l'ombrage, qu'il parvint à devenir seul monarque absolu de toute la Gaule.

---

[1] Grég. de Tours, Hist. li. 2. le Monde, hist.

[2] Sismondi. Hist. de France, t. 1.

COMPIÈGNE.

COMPIÈGNE. (Vue prise de Venette).

COMPIÈGNE.

Première Période.

PARTIE HISTORIQUE.

Située sur la rive gauche de l'Oise, un peu au-dessous du confluent de l'Aisne, à 72 kilomètres de Paris, nous avons vu que cette ville peut avoir dû son origine aux premiers établissements des naturels du pays; qu'elle s'agrandit vers les temps de la transmigration des Lètes, l'an 250, et surtout à l'époque de la domination définitive des Romains, comme le constate le grand nombre de médailles trouvées dans ses environs, et qu'elle était située dans la seconde Belgique lors de la division des Gaules en dix-sept provinces, sous Gratien, l'an 380.

Quand les barbares, l'an 450, envahirent la France, elle fit encore partie de l'empire romain. Mais Clovis ayant, en 500, étendu sa domination sur toutes les Gaules, qu'il divisa en Gaule orientale (Brabant), en Gaule occidentale et Aquitaine, elle fit alors partie de la Gaule occidentale.

Clovis, ligué (486) avec Ragnacaire, son parent, ayant triomphé de Syagrius, que les Francs de Tournay avaient mis à leur tête [1] dans une bataille livrée entre Soissons et Compiègne, tint dans cette dernière ville une assemblée de ses Antrusions et de ses Leudes pour le partage des terres abandonnées et vacantes [2].

[1] Le Monde, p. 120.
[2] Le Monde, p. 121.

A la mort de Clovis, fondateur de la monarchie des Francs, la France ayant été partagée entre ses enfants, Compiègne fit partie du royaume de Soissons, échu à Clotaire.

Clotaire (560) ayant envoyé ses meutes et ses équipages dans la forêt de Cuise pour y chasser, se livra avec tant d'ardeur à cet exercice qu'il s'égara vers Compiègne ; il tomba malade dans cette ville, et se fit transporter au château de Choisy (Choisy-au-Bac), où il mourut [1].

Son fils, Chilpéric Ier, pour prendre le plaisir de la chasse, séjourna à Compiègne tout le mois d'octobre 584, et Louise-Frédégonde, son épouse, vint l'y trouver, l'an 588, pour se consoler de la mort de leur fils Théodoric [2].

Ce fut cette ville que choisit Clotaire II pour y recevoir Théodebert, roi d'Austrasie, son cousin. Ils s'y réconcilièrent et signèrent la paix, l'an 611 [3].

[1] Grégoire de Tours.
[2] Idem.
[3] Aimoinius, lib. 3.

La société de ce temps n'était pas celle de nos jours : les Francs, peuples nomades, nullement liés à la terre, avaient besoin de chercher dans la conquête le complément de l'existence. La guerre était pour eux un métier ; la force du corps surtout était en honneur. Formés aux plus rudes exercices, ils se livraient de préférence, dans les intervalles de repos que leur laissait la paix, à ceux qui avaient le plus d'analogie avec leurs habitudes guerrières. De là, leur goût pour la chasse ; de là, plus tard encore, les tournois, puis les carrousels, où la beauté, à qui ils vouaient un culte exclusif, couronnait les vainqueurs.

Ce goût fut particulier aux rois des deux premières races. La forêt de Cuise, située sur un terrain sablonneux, et abondamment pourvue de gibier, était devenue, par sa proximité des villes royales, un rendez-vous de chasse ; d'un accès et d'un parcours faciles, elle était une des plus agréables de France. Ces rois exécutaient leurs chasses avec le plus grand éclat : ils réservaient pour ces jours toutes les pompes et toutes les magnificences du trône ; puis, rentrés dans les camps, ils reprenaient leurs mœurs rudes et simples. Le printemps et l'automne étaient surtout consacrés aux chasses d'appareil ; ils passaient presque toujours ces deux saisons dans leurs palais de la forêt de Cuise, à Verberie, à Compiègne, à Choisy-en-Laigue, à Venette. On attribue à Dagobert Ier, qui était passionné pour la chasse, les premiers réglements qui aient paru sur cette matière. Un de leurs articles punissait d'une amende de 45 sols [1] celui qui tuait ou dérobait un cerf apprivoisé et dressé pour en prendre d'autres. *Cervum signum habentem qui ad faciendam venationem mansuefactus est.*

[1] C'étaient des sols d'argent. Or, comme on taillait 22 sols dans une livre d'argent, qui était alors de 12 onces, il en résulte que chaque sol pesait les 12/22es ou les 6/11es d'une once. Les 45 sols devaient donc peser 24 onces 6/11es, ou 7499 gr. 70 d'argent ; ce qui revient à 148 fr. 94 c. de notre monnaie. Mais comme avec cette somme on eût acheté à cette époque cinq fois plus de blé qu'aujourd'hui, le montant de cette amende peut revenir à la somme de 744 fr. 70 c.

C'est à Compiègne qu'en présence de l'assemblée générale des prélats et des grands du royaume, fut résolue l'érection de l'église de Saint-Denis, et c'est en cette ville que furent signés, sous Dagobert, presque tous les priviléges successivement concédés à cette abbaye.

Ce roi, qui, tout riche qu'il était, dissipait ses revenus par des prodigalités, habita souvent Compiègne. On donne cette ville pour patrie à saint Éloi, orfèvre, si connu par sa chanson populaire, et l'histoire rapporte que ce compagnon du BON ROI eut la direction d'un hôtel des monnaies que ce dernier fonda dans cette ville. C'était dans un réduit de cet hôtel que Dagobert faisait garder ses trésors.

C'est à Compiègne qu'entre la mère et les deux fils de Dagobert furent partagées les richesses de ce dernier. L'un des deux fils était représenté à ce partage par des ambassadeurs.

A l'époque où les maires du palais, sous des princes qui n'étaient rois que de nom, exerçaient seuls l'autorité, cette ville servit de résidence à la plupart d'entre eux. Ainsi Compiègne fut témoin de la décadence de la race mérovingienne qui fonda la monarchie des Francs. Ces rois sont au nombre de dix, et ont occupé le trône l'espace de 114 années, de 638 à 752.

Vers l'an 715, il y eut dans la forêt de Compiègne[1] une bataille importante. Pepin, maire de Neustrie et souverain en Austrasie, venait de mourir. Sa veuve, Plectrude, voulant s'emparer du gouvernement, retint son fils Charles-Martel prisonnier à Cologne. Mais les Neustriens, déjà las de la domination des Austrasiens, voulaient encore moins souffrir celle d'une femme. Ils l'arrêtèrent, et allant au-devant de l'armée des Austrasiens qui avaient avec eux Théodoald, enfant bâtard, sous le nom duquel Plectrude voulait régner, ils la défirent.

Charles-Martel, qui fut l'avant-dernier maire du palais, et qui, sous ce titre, de 717 à 742,

[1] *In cotiâ sylviâ*. G. Franç.

gouverna pendant 20 ans la France, sous les rois Clotaire IV, Chilpéric II et Thierry II, et régna ensuite pendant cinq ans sans partage comme duc des Français, venait très souvent à Compiègne. Cette ville peut s'enorgueillir d'avoir vu dans ses murs le vainqueur des Sarrasins aux plaines de Poitiers. Sans lui, le Croissant brillerait peut-être au lieu de la Croix sur les clochers de nos quarante-huit mille municipalités. Cette victoire lui valut le surnom de Martel.

En 757, il y eut à Compiègne un concile composé de cent vingt évêques et abbés, convoqué par Pépin-le-Bref. Le premier orgue qui ait paru en France fut donné à ce prince, qui le plaça dans la chapelle de son palais. Présent de Constantin, cinquième du nom, il avait été apporté de l'Orient, antique patrie des beaux arts. La reine Berthe, veuve de Pépin et mère de Charlemagne, mourut à Choisy, près Compiègne, et de là fut conduite à l'abbaye de Saint-Denis[1].

[1] Chronique de Saint-Denis.

Charlemagne, dans la personne duquel l'empire revint à l'unité, séjourna à Compiègne en 779 : il y assembla un parlement des grands Seigneurs de France, en présence duquel il admit le duc de Spolète, Hildebrand, à lui faire acte de soumission[1]. A son retour de Rome, l'an 784, Charlemagne revint à Compiègne, où il reçut, comme avait fait Pépin son père, l'hommage de Tassile, duc de Bavière. Passons à Louis-le-Débonnaire, son fils, qui laissa tomber en dissolution ce vaste et glorieux héritage.

Dans la plupart des aperçus historiques qui vont suivre, nous nous sommes aidé d'un historien que nous avons déjà cité, qui a traité de l'histoire sous ce titre : *Le Monde.*

Un caractère faible, une dévotion et une humilité excessives, et par conséquent déplacées dans la personne d'un monarque ; un amour aveugle pour une femme qui entretient un commerce illégitime

---

[1] Eginhard.

avec un de ses ministres; une vie pleine de péripéties qui le précipitent du rang le plus élevé dans la position la plus abjecte; et, comme si la fortune s'essayait à l'éprouver, lui rendent, le moment d'après, toute son autorité; telle est l'histoire de ce prince. La ville de Compiègne fut trois fois le théâtre des nombreuses vicissitudes qui remplirent sa vie.

Louis-le-Débonnaire est à peine revêtu du pouvoir, qu'il associe à l'empire son fils aîné Lothaire: il fait le second, Pépin, roi d'Aquitaine, et donne la Bavière à Louis, son troisième fils. Bernard, roi d'Italie, issu d'un fils aîné de Charlemagne, et à qui en réalité devait revenir l'empire, en voyant ses cousins germains recevoir des royaumes, se regarda comme frustré de son propre bien. S'emparant du passage des Alpes, il marche contre son oncle. Mais bientôt, abandonné de ses partisans, il se jette aux genoux de l'empereur dont il implore la clémence. Au lieu de lui accorder son pardon, ce prince lui fait crever les yeux; trois jours après ce supplice, Bernard était mort.

Veuf de sa première femme, Louis-le-Débonnaire épouse Judith, et Bernard, comte de Barcelonne, que l'opinion publique lui donnait pour amant, devient son ministre. Un fils, qui fut depuis Charles-le-Chauve, est le fruit de cette union. Objet de l'affection de ses parents, ceux-ci ont à cœur de lui assurer la possession d'un royaume. Mais, pour y parvenir, l'empereur est obligé de revenir sur le partage de ses états, qu'il avait primitivement fait entre les fils de son premier mariage.

Ce prince, la conscience troublée par le supplice qu'il avait infligé à Bernard, roi d'Italie, et dont la mort avait été la suite; se reprochant d'avoir fait tonsurer trois fils naturels de Charlemagne, qu'il avait relégués dans un couvent, mesure qui, quoique conseillée par une sage politique, était condamnée par les canons de l'Eglise, portant défense de contraindre qui que ce soit à embrasser la vie religieuse, s'imposa une pénitence publique. C'est dans l'assemblée générale d'Attigny, en présence des Francs, que, demandant pardon de toutes les fautes dont il s'accusait, il porta atteinte à ce respect, à cette considération qui devaient environner sa personne [1].

Louis avait perdu tout ascendant sur ses sujets; l'audace de ses ennemis s'en accrut : les ressorts du gouvernement se relâchèrent, et le rendirent vulnérable de tous côtés. Malgré les pratiques religieuses auxquelles il se livrait, les évêques eux-mêmes devinrent ses adversaires les plus acharnés. Associés à l'antique gloire de l'empire, ils semblaient condamner, dans l'indigne successeur de Charlemagne, l'homme inepte qui causait sa décadence.

Il y avait dans le caractère de ce prince, dans la position qu'il s'était faite, et dans ses premières fautes, des éléments éternels de trouble.

Ce malheureux monarque, prenant trop à la lettre ce précepte de l'Évangile, que celui qui s'abaisse sera élevé, se dégrada une seconde fois dans une

---

[1] Le Monde hist.

autre assemblée générale tenue à Aix-la-Chapelle, en reconnaissant qu'il méritait tous les reproches que l'abbé de Corbie Vala eut la hardiesse de lui adresser dans un compte général qu'il rendit de tous les désordres de l'empire. Il l'accusait de fouler aux pieds les canons de l'église, de laisser les laïques s'emparer des biens du clergé. Par ses remontrances continuelles ayant enfin lassé la patience de l'empereur lui-même et celle de son ministre Bernard, une scission éclata entre le monarque et l'église. Les évêques et le clergé, égarés par un faux zèle, au lieu de ramener la paix dans l'empire, prennent l'horrible parti d'armer les enfants contre leur père[1]. Les Bretons s'étant soulevés, il fallait marcher contre eux. Cette prise d'armes devint funeste à ce prince; car, au lieu de l'aider de leur appui, ses fils se réunissent aux évêques assemblés à Verberie, tandis que l'empereur est forcé de se réfugier à Compiègne avec le petit nombre de troupes qui lui restent. Dans cette position extrême, retenu comme prisonnier au mi-

---

[1] Le Monde hist.

lieu de ses sujets, il retrouva pourtant sa dignité. Cette ville fut le théâtre des négociations à huis-clos qui précédèrent la tenue de l'assemblée où l'on devait décider de son sort; et, chose remarquable, c'est que ce fut sa femme elle-même, cause première de toutes ses disgrâces, que ses ennemis chargèrent de leur *ultimatum*. Il ne s'agissait de rien moins que de la retraite de Judith dans un couvent, et de celle de Louis-le-Débonnaire dans une abbaye de moines. Il consentit à la première proposition, mais rejeta fièrement la seconde. Ce fut la négociatrice elle-même qui porta la réponse au camp.

Bientôt l'assemblée générale se réunit à Compiègne. L'empereur, pour la troisième fois, « con-« fessa l'extrême complaisance dont il s'était « rendu coupable à l'égard de l'impératrice[1]. » Enfin, après un discours pathétique, plus convenable, du reste, à un accusé obscur qu'à un empereur, les Francs lui rendirent son titre. Un

---

[1] Le Monde hist.

trône était préparé dans la salle même, il n'y voulut pas monter. Toutefois, c'était par une espèce de condescendance pour son caractère sacré que cette offre lui fut faite; car il demeura prisonnier sous la garde de son fils aîné Lothaire. Dans la seconde assemblée qui se tint en cette ville, le clergé insista avec un inconcevable acharnement pour qu'il fût déposé; mais on décida qu'il garderait le titre d'empereur, tandis que son fils aîné en exercerait le pouvoir [1].

Bientôt la fortune change. Secondé par un moine fort habile nommé Gombaud, qui parvint à réconcilier le père avec les enfants, et appuyé sur les Francs d'Austrasie, au milieu desquels Charlemagne avait passé une partie de sa vie [2], et qui reportaient sur le fils l'attachement qu'ils avaient voué au père, Louis fut, dans l'assemblée de Nimègue, réintégré dans son pouvoir, puis réuni à Judith que le pape délia de ses vœux (831).

---

[1] Le Monde hist.

[2] Idem.

Dans cette circonstance il donna encore des preuves de sa débonnaireté, en traitant avec indulgence la plupart de ses ennemis. Mais une nouvelle péripétie se prépare. L'ancien amant de l'impératrice, ce mauvais génie qui est comme lié au sort des deux époux, veut se rattacher au char de ses maîtres. Repoussé par Judith, dont les anciens sentiments sont éteints, il se ligue avec Pépin dont la réconciliation avec son père n'avait pas été sincère[1].

En effet, à peine Judith a-t-elle repris ses droits d'épouse, qu'elle poursuit l'exécution de son projet favori, l'exaltation de son fils Charles, et donne cours à ses vengeances personnelles. Lothaire est déchu de sa qualité d'empereur; Vala conduit de prison en prison. Les mêmes causes produisent les mêmes effets. On vit bientôt se reformer l'ancienne ligue des mécontents; à leur tête étaient les évêques et les fils de l'empereur. On alla plus loin : on voulut re-

[1] Le Monde hist.

prendre à Charles la partie du territoire qui lui avait été cédée; bien plus, comme si tous ces démêlés de famille devaient se vider sans effusion de sang, on eut recours au pape. L'éternel Charles était le véhicule secret de toutes les plaintes. Pour lui créer un royaume, on allait faire un nouveau partage de la monarchie, troubler les fils de Louis dans une possession ancienne; puis, par une connexité toute naturelle, reportant sur la mère une partie de la haine qu'excitait son fils, on faisait grand bruit de ses débordements et de sa conduite scandaleuse.

Enfin Compiègne est encore, dans cette dernière ligue, le lieu où vont s'agiter ces grands intérêts de famille. Tout fait exception dans cette partie de l'histoire : en d'autres temps, de semblables querelles eussent fait verser des flots de sang. Le pape était venu en France; mais il partit sans achever sa mission, digne du chef de l'Eglise. Elle avait eu pour objet la réconciliation du père et de ses fils. Mais à peine le pontife s'éloigne, que tous les soldats de l'empereur, réunis dans son camp près de Vorms, l'abandonnent pour aller se joindre aux troupes des mécontents[1]. Obligé une seconde fois de se mettre à la merci de ses enfants, ceux-ci le conduisent à Compiègne, le 17 octobre 883, où, à la majorité des voix, la diète qui y était rassemblée prononça sa déposition. C'est devant cette assemblée qu'Ebbon [2], évêque de Reims, se présentant comme accusateur, lut un mémoire renfermant contre le malheureux prince huit chefs d'accusation. Certes, un semblable jugement accuse, dans sa hideuse illégalité, toute l'étendue du pouvoir qu'avaient acquis les évêques. En cela rien cependant ne doit nous étonner. Dès qu'un corps quelconque est devenu corps politique par une succession de circonstances heureuses, il cherche aussitôt à agrandir sa puissance. Pris pour arbitres dans toutes les querelles des princes; caressés par tous les partis; joignant à une influence acquise le prestige qui s'attache à l'exercice du sacerdoce; dominant les assemblées, où ils furent bientôt les maîtres par leur habileté à manier la parole, et

---

[1] Le Monde hist.

[2] Ebbon, fils d'un serf de main-morte, était son frère de lait et son compagnon d'école. (MÉZERAY. Hist. de Fr.)

que désertèrent les leudes, qui en ce point leur étaient inférieurs, les évêques eurent bientôt fait de leurs conciles et de leurs synodes des assemblées politiques[1]. Quoi qu'il en soit, la déposition de l'empereur prononcée, quelques évêques allèrent lui donner connaissance de cet arrêt, et lui-même y mit le sceau en ne se défendant point des crimes dont on l'accusait. Bien plus, dit l'historien que nous avons cité : « Il remerciait les prélats des exhorta-« tions et des conseils qu'ils voulaient bien lui « donner. » Ce n'est pas tout. On fit suivre ce jugement de la pénitence publique, qu'il alla subir dans l'église de Saint-Médard de Soissons. Cependant il faut dire ici que l'iniquité des évêques réunis à Compiègne ne fut pas partagée par tout le clergé de France; ce prince comptait encore dans ses rangs bon nombre de partisans, qui, dans une assemblée réunie à Saint-Denis, déclarèrent que le parlement de Compiègne avait été un conciliabule inique et factieux [2].

---

[1] Velly. Hist. de Fr.

[2] Le Monde hist.

Enfin, un dernier revirement s'opéra dans son inconstante fortune; une réaction eut lieu, produite par la pitié qui s'attache aux grandes adversités. Ses deux fils puinés, dont le caractère naturellement doux avait imprimé à la marche de son règne un flux et un reflux d'événements offrant plus de honte pour les parties que de désastres pour le pays, lui rendirent le pouvoir. Il n'eut plus à lutter que contre Lothaire; ce dernier, après quelque résistance, alla se jeter aux pieds de son père, qui lui pardonna généreusement. Dans les démêlés qui s'élevèrent entre eux, ses fils semblèrent avoir à cœur de le mettre désormais hors de cause. Ce ne fut plus qu'entre Charles-le-Chauve et ses frères du premier lit que s'agitèrent les questions de souveraineté; ceux-ci, après de nouveaux partages survenus à la mort de leur père, laissèrent au premier l'Aquitaine, la Neustrie et la plus grande partie de l'Austrasie et de la Bourgogne. Louis-le-Débonnaire mourut en 840.

Le fils de Louis-le-Débonnaire, Charles-le-Chauve, qui fut la cause involontaire des longues divisions qui troublèrent le règne de son père, avait beaucoup de prédilection pour Compiègne; quoique cette ville dût lui rappeler de fâcheux souvenirs, ce prince y venait prendre souvent le divertissement de la chasse dont il était jaloux au point de n'accorder à son propre fils que le droit de chasser le sanglier dans la forêt de Laigue.

Vers l'an 850, il fit construire à Compiègne un palais près de la porte de Pierrefonds.

Sous le règne de ce prince, les Normands infestèrent les rives de la Seine, et pénétrèrent plus tard par les affluents de cette rivière dans le cœur de la France. Pour mettre Compiègne à l'abri de leurs pirateries, il éleva, sur les rives de l'Oise, un château qui défendait l'entrée de la ville de ce côté.

Louis-le-Débonnaire, persécuté par les évêques, avait dû son salut aux moines. Son fils, Charles-le-Chauve, par des fondations pieuses, s'acquittait d'une dette imposée par la reconnaissance. En 877, il fonda à Compiègne une abbaye sous le nom de Notre-Dame, et, pour la desservir, un chapitre de cent chanoines, auxquels il donna un terrain appelé Culture de Charlemagne. La dédicace de cette église fut faite avec solennité par Jean VIII, assisté de soixante-douze évêques, assemblés en concile; les reliques de saint Corneille et de saint Cyprien furent transférées d'Aix-la-Chapelle dans la nouvelle église; l'empereur y fit déposer plus tard l'un des trois suaires de Notre Seigneur. En mémoire de cette translation, et sur le lieu où la réception de ce suaire fut faite, on éleva une chapelle : plus tard on y joignit un ermitage destiné au logement de deux prêtres qui devaient la desservir. On institua en outre une procession en l'honneur de cette précieuse relique, que l'on nomma le Saint-Signe; sur l'emplacement de cette chapelle on a construit depuis une habitation dite la Croix du Saint-Signe, qui sert de logement à un garde de la forêt. Le même prince, la dernière année de sa vie, fit présent, à la communauté des clercs de

XVIᵉ SIÈCLE.

Lith. par Arnout d'après C. Perint.   Imp. chez Kaeppelin et Cⁱᵉ

Publié par Langlois

ÉGLISE Sᵗ CORNEILLE.

Saint-Corneille, du château des Ajeux, qui passe pour avoir été embelli par Charlemagne avec une rare magnificence, et dans lequel les marbres, les dorures et les mosaïques brillaient de toutes parts. Il transporta aussi aux clercs le droit de justice pour le château et ses dépendances : il y joignit enfin une portion du péage qui se percevait sur la rivière d'Oise.

Remarquons donc ici ce fait : c'est que la ville de Compiègne paraissait appelée à devenir l'une des principales villes du royaume. La prédilection de Charles-le-Chauve pour son séjour, le démembrement du grand empire de Charlemagne, dont la partie française forma ce qu'on appela dès lors le nouveau royaume de France, dénomination assez naturelle sous le rapport des mœurs et du langage, puisqu'alors les habitants de la Neustrie étaient appelés les Francs de la langue romane, et ceux d'Austrasie, les Francs de la langue germanique, tout enfin semble le prouver ; à voir les édifices dont ce prince orna Compiègne, on doit croire que dans sa pensée intime, cette ville était destinée à devenir l'Aix-la-Chapelle d'un autre empire. Ce prince ordonna qu'après sa mort, les livres de son trésor fussent partagés entre son fils et les églises de Saint-Denis et de Notre-Dame de Compiègne.

Nous dirons en passant que c'est du règne de Charles-le-Chauve que date le régime féodal. Il décida que les ducs et les comtes succéderaient au gouvernement de leur père[1]. Il porta ainsi la plus grave atteinte au pouvoir de ses successeurs. Cependant Louis-le-Débonnaire avait déjà conféré à des comtes l'hérédité de leurs biens. Au surplus, d'autres causes contribuèrent aussi à l'établissement de ce système. On doit mettre en première ligne la permission accordée aux seigneurs d'élever des châteaux forts sur leurs terres afin de se défendre contre les incursions des Normands. On donnait à ces châteaux le nom de fertés; et c'est à ce mot qu'il faut rapporter l'étymologie du nom de plu-

---

[1] Un duc commandait une province entière; un comte avait le gouvernement particulier d'une ville.

sieurs localités, telles que La Ferté-Milon, La Ferté-sous-Jouarre, etc. Dès ce moment, chaque seigneur possédant un château fort devint indépendant.

En 869, Charles, roi d'Aquitaine, second fils de Charles-le-Chauve, s'étant révolté contre son père, vint lui faire sa soumission. Il fut envoyé captif à Compiègne.

Louis-le-Bègue, son fils aîné, est sacré en 877 à Compiègne, par le pape Jean VIII. En 879, après le concile qui se tint à Troyes, où ce même pape, persécuté dans ses états, était venu implorer l'appui du roi et des prélats français, Louis-le-Bègue vint à Compiègne. Il y entendit le rapport des ambassadeurs qu'il avait envoyés en Germanie pour y traiter de la paix ; puis, s'étant mis en marche pour aller réprimer la révolte d'un duc de Septimanie, il tomba malade à Troyes, et se fit transporter à Compiègne, où il mourut le 19 avril 879, un jour de vendredi saint. Avant que d'expirer, dit un

historien[1], « il envoya par l'évêque de Beauvais et
« par un comte, l'épée, la couronne et les autres
« ornements royaux à son fils Louis[2], avec ordre
« de se faire sacrer au plus tôt.» Il fut enterré dans
l'église de Saint-Corneille.

La descendance masculine de Charlemagne finit
en 888. Ce fut dans cette année qu'en un parlement
tenu à Compiègne par les évêques et les seigneurs
de France, les seigneurs de Neustrie élurent pour
roi de la France occidentale Eudes, comte de Paris
et duc de France. Il était du sang de Charlemagne par les femmes. C'est ce fameux Eudes qui
défendit d'une manière si glorieuse Paris assiégé
par les Normands sous Charles-le-Gros. C'est celui
sous les ordres duquel les hommes de Compiègne
se distinguèrent dans les rudes batailles que ce
prince livra aux Normands, alors qu'il tenait les
rênes de l'état. Sous lui ces barbares échouèrent
devant Compiègne.

[1] Mézeray.

[2] Louis III.

Après la mort d'Eudes, les Normands recommencèrent leurs irruptions, et en 900 ils assiégèrent et brûlèrent cette ville.

En 912, l'église et l'abbaye de Compiègne sont consumées par les flammes. Rétablies par Charles-le-Simple, elles prennent la dénomination d'abbaye et d'église de Saint-Corneille.

Frédérine, épouse de Charles-le-Simple, fonda en 919 l'église collégiale de Saint-Clément, et lui abandonna le droit de péage que l'on percevait alors depuis Compiègne jusqu'à La Croix.

Le couronnement de Louis V eut lieu dans cette ville, en 987. Il mourut la même année, et fut enterré à Saint-Corneille[1]. C'est le dernier prince de la race carlovingienne, laquelle ne régna que 219 ans. La décadence de cette race, qui commence à Louis-le-Débonnaire, s'achève sous ses successeurs : ils accumulent fautes sur fautes. Les descendants de

[1] Gaguin.

Charlemagne furent bien loin de l'égaler. Leur incapacité, jointe aux malheurs du temps, précipita leur chute. Charles-le-Chauve, en rendant les duchés et les comtés héréditaires, en faisant des terres anciennement concédées des terres patrimoniales, porta au plus haut degré la puissance de leurs possesseurs. Les feudataires osèrent tout entreprendre pour s'agrandir, et bientôt leur pouvoir finit par absorber celui des rois. De tous les successeurs de Charlemagne, le roi Eudes seul posséda plusieurs des grandes qualités de ce prince.

On aura remarqué que la ville de Compiègne et ses environs furent le théâtre d'une partie des événements politiques qui agitèrent alors la France.

A l'avénement de Hugues Capet (987), Compiègne faisait partie du duché de France. Le domaine royal, qui ne se composait alors que de la ville de Laon et de son territoire, dernier débris du vaste empire de Charlemagne qui restât à son faible rejeton Louis V, ayant été enclavé dans le duché de France, ces deux territoires formèrent le nouveau domaine royal. Paris devint dès lors la capitale du royaume.

Toutefois, le duc de France ne parvint pas sans contestation au pouvoir suprême. Le duc Charles de Lorraine, un des descendants de Charlemagne, avait en main un parti puissant qui voulait l'élever au trône. Une assemblée se tint à Compiègne pour cet objet; mais Hugues Capet, selon une lettre du pape Sylvestre II[1], la dispersa. Voici cette lettre : « Le duc Hugues a as« semblé six cents hommes d'armes, et sur le « bruit de son approche, le parlement qui se te« nait dans le palais de Compiègne s'est dispersé « dès le 11 mai. Tout a pris la fuite, et le duc « Charles et le comte Reinhard et les princes de « Vermandois et l'évêque de Laon, Adalbéron, qui « a donné son neveu à Bardas[2] pour l'exécution « de ce que Sigefrid et Godefroi ont promis. »

[1] Velly. Hist. de Fr.

[2] C'est le nom d'un seigneur puissant qui avait essayé d'usurper l'empire.

Robert, son fils aîné, qui lui succéda en 993, et fut renommé par sa bienfaisance, habita souvent Compiègne. Un historien[1] rapporte de lui le trait suivant : « Etant en cette ville, douze scélérats « avaient formé le dessein de l'assassiner. On les « arrêta, et leur procès fut instruit. Tandis qu'on y « travaillait, le bon roi leur fit donner la commu- « nion. Il les admit ensuite à sa table, leur par- « donna, et envoya dire aux juges qui les avaient « condamnés tout d'une voix, qu'il ne pouvait se « résoudre à se venger de ceux que son maître avait « reçus à sa table. » Sa charité était inépuisable. Il nourrissait tous les jours 300 pauvres, quelquefois mille.

Son fils, Hugues-le-Grand, mourut à Compiègne (1025). C'est à ce prince que les Italiens offrirent le trône : ils étaient irrités de ce que les Allemands avaient toujours disposé en maîtres de la couronne impériale, et à la mort de l'empereur Henri Ier, ils avaient voulu conquérir leur indé-

---

[1] Velly. Hist. de Fr.

pendance. Ayant été associé à la couronne du vivant de son père, suivant l'usage des premiers Capétiens, dont la puissance naissante avait besoin pour se consolider de s'établir sans contestation, il fut couronné à Compiègne l'an 1017, le jour de la Pentecôte, devant l'assemblée générale de la nation [1].

Henri Ier (1031) et son fils Philippe Ier, qui monta sur le trône en 1061, signèrent en divers temps à Compiègne des chartes en faveur des églises Saint-Denis et Saint-Corneille. Ce dernier accrut le domaine royal du comté du Berri.

Sous le règne de Louis VI dit le Gros (1131), le pape Innocent II fixa son siége à Compiègne. Il y avait alors schisme dans l'église catholique. Ce pape s'était fait nommer quelques jours avant la mort de son prédécesseur. Ceux des cardinaux qui lui étaient opposés avaient donné leur voix à Anaclet. Le roi de France qui protégeait Inno-

---

[1] Velly, Hist. de Fr.

cent, et qui avait entraîné par son exemple les autres souverains de l'Europe, maintint son élection. Louis-le-Gros supprima l'hôtel des monnaies fondé par Dagobert.

C'est à ce prince que l'on fait remonter le premier établissement des communes de France. Compiègne, ville du domaine royal, et dont le roi par conséquent était seigneur, dut être une des premières villes soumises à ce nouveau régime [1]. Le prince ou le seigneur qui octroyait ce droit devenait le protecteur naturel de la commune. En retour de cette protection, celles-ci s'engageaient à lui payer annuellement une redevance. Les villes qui se crurent assez fortes pour tenter leur affranchissement, forcèrent leur

---

[1] Tels étaient les devoirs et les charges de la commune. Au premier coup de cloche ou de beffroi, chaque habitant devait accourir armé au lieu du rendez-vous général. Manquait-il à cette obligation, il était assujetti au paiement d'une amende assez considérable. En mettant des bornes aux justices particulières des seigneurs, ce roi jeta les fondements de la justice royale. (Le Monde hist.)

comte, leur évêque ou leur abbé à le leur accorder. Dès lors, elles eurent le droit d'élire leurs maires, leurs administrateurs et leurs échevins.

Le frère de Louis VII fut abbé laïque de Saint-Corneille. Louis VII, avant d'aller à Reims faire couronner son fils Philippe-Auguste, âgé de 13 ans, s'arrêta à Compiègne au mois d'août 1179, et y séjourna jusques à la Toussaint. C'est dans cet espace de temps que le jeune prince s'étant égaré à la chasse fut reconduit à la ville par un bûcheron [1].

Louis VII est connu à Compiègne par un acte de sévérité et de justice qu'il fut obligé de mettre lui-même à exécution. Je veux parler de l'expulsion des moines de l'abbaye de Saint-Corneille, qui, ayant provoqué le scandale par la dissolution de leurs mœurs, furent remplacés par des Bénédictins. Le frère du roi, qui était leur abbé,

---

[1] Duchesne. Antiquité des villes.

ne contribua pas peu à la résistance qu'ils opposèrent à cette mesure.

Louis-le-Gros avait accordé aux moines la permission d'avoir des concubines, et aux clercs celle de se marier, à condition qu'ils ne pourraient posséder de bénéfices. Mais cette permission n'ayant pas arrêté leurs débordements, Louis VII supprima leur communauté, et les remplaça, après l'approbation d'Eugène III, par des Bénédictins. Les chanoines, au lieu d'obéir aux ordres du roi, opposèrent la plus vive résistance aux commissaires chargés de leur signifier ses ordres. Le roi lui-même fut obligé de se rendre à l'abbaye; il s'y présenta avec une suite imposante. L'abbé frémissant de colère, n'avait pas attendu que le chancelier eût achevé la lecture de son édit; il vida la salle, en entraînant avec lui tous ses acolytes. Les Bénédictins furent installés dans l'église. Mais à peine le roi était-il parti, que l'église fut envahie par les chanoines; pendant que des soldats apostés tenaient le poignard sur la gorge des Bénédictins, les ornements, l'argenterie, les livres sacrés, les titres, les vases étaient enlevés, et les autels dépouillés. Voulant s'emparer du saint suaire renfermé dans un asile secret, les chanoines revinrent pendant la nuit. Mais pour défendre cette relique, les Bénédictins ne furent pas réduits cette fois à leurs seules forces : l'alarme ayant été donnée, le peuple lui-même vint la défendre, chassa les chanoines, et rendit leurs heureux et timides successeurs définitivement maîtres de leur nouvelle demeure.

Philippe-Auguste, guerrier aussi habile que profond politique, qui accrut le domaine royal de la Normandie, de l'Artois, du Vermandois, de l'Auvergne, de l'Anjou, du Maine, du Poitou et de la Touraine, avait épousé Ingelburge, fille de Canut VI, roi de Danemarck. Le lendemain même de ses noces il éloigna sa femme. Le pape convoqua à Compiègne une assemblée où se trouvèrent réunis un grand nombre de comtes, de barons, d'évêques et d'abbés. En leur présence, l'archevêque de Reims prononça la nullité du mariage. La reine en appela au Saint-Siége, qui envoya deux légats pour examiner la validité du divorce. C'étaient, dit Rigord, deux chiens muets qui craignaient pour leur peau, et n'osèrent aboyer [1].

En 1200 eut lieu à Compiègne une réunion des croisés. Thibaut, comte de Champagne, en prit le commandement. On fait remonter à cette année la fondation de l'église Saint-Jacques.

En 1209 Philippe arma chevalier son fils, Louis VIII, en présence des grands vassaux de la couronne assemblés à Compiègne.

Les barons d'Angleterre avaient élu pour roi le fils de Philippe-Auguste. L'empereur Othon IV, et le duc de Flandre ayant voulu traverser cette élection, le prince les vainquit dans les plaines de Bouvines. Les hommes de Compiègne s'étant distingués dans cette mémorable journée, Philippe-Auguste, par lettre patente de 1218, leur donna « des armes qui étaient d'argent au lion d'azur,

---

[1] Velly. Hist. de France.

« armé et lampassé de gueules, couronné d'or et
« chargé de six fleurs de lys de même, » avec la
devise *regi et regno fidelissima* [1].

En 1218 ce prince abandonna aux habitants
les droits qu'il exerçait sur eux comme vicomte
de Pierrefonds.

En 1237 saint Louis arme chevaliers à Compiègne cent jeunes gens des plus illustres familles.
Sous le règne de ce prince, l'église Saint-Nicolas
est construite, l'Hôtel-Dieu est réédifié sur l'emplacement qu'il occupe aujourd'hui. Si ce prince
éleva beaucoup de monastères et d'églises, il fonda
aussi un bon nombre d'hôpitaux. La piété, chez
saint Louis, s'unissait à un profond amour de
l'humanité, et à une inépuisable bonté; ses vertus
le rendirent l'objet de l'admiration sans bornes
de ses contemporains. C'est de lui que les domi-

---

[1] Lampassé de gueules ; c'est-à-dire avec la langue sortant de la
gueule, et d'un autre émail que le corps. On voit encore ces armes
à la porte du collège.

nicains obtinrent le château que Charles-le-Chauve avait fait construire sur les bords de l'Oise, 360 ans auparavant.

L'église Saint-Antoine a été construite vers ce temps. Sa nef porte le caractère du style ogival primitif; le chœur, construit plus tard, offre tous les raffinements et toute la délicatesse dont le style de l'architecture sarrasine est susceptible.

Par des lettres patentes de 1282, Philippe-le-Hardi établit à Compiègne une cour de champions[1].

En 1293, une querelle éclate à Bayonne entre les équipages de deux vaisseaux, l'un normand, l'autre anglais. A cette occasion une guerre éclate entre Philippe-le-Bel et Edouard, roi d'Angleterre.

---

[1] C'était un siége de justice devant lequel les parties, après avoir plaidé leur cause, offraient de la défendre en champ clos contre leurs parties adverses, soit par eux, soit par des champions. Il y avait alors des hommes qui exerçaient cette profession.

Philippe se rend aussitôt à Compiègne ; là, il fait chevaliers le comte d'Evreux son frère ; Louis, fils aîné de Robert de France son cousin Germain, duquel est issue la maison de Bourbon, et cent vingt autres seigneurs et gentilshommes[1]. Guy, comte de Flandre, vassal de Philippe-le-Bel, irrité contre lui parce qu'il avait ordonné le rétablissement des anciens priviléges des communes de Flandre, conclut une alliance avec Edouard. Robert, comte d'Artois, prend le commandement des troupes, bat les Flamands près de Lille : une trêve succède à cet heureux début. Mais la guerre s'étant de nouveau rallumée, les hostilités recommencèrent. Après de nouveaux succès, dus à la valeur des troupes commandées par Charles de Valois, frère du roi, le comte de Flandre, ses deux fils, et beaucoup de seigneurs flamands se rendirent à Paris pour obtenir leur pardon : mais Philippe-le-Bel voulant s'indemniser des frais de la guerre, réunit le comté de Flandre à la France, envoya tous les seigneurs prisonniers d'état dans

---

[1] Velly. Hist. de Fr.

les principales villes du royaume, et le comte de Flandre et ses deux fils à Compiègne. Observons en passant que Philippe-le-Bel est le premier qui ait introduit le tiers-état dans l'assemblée des états du royaume, réunis à Paris pour repousser les prétentions de Boniface VIII, qui voulait faire reconnaître au roi de France qu'il tenait de lui la *souveraineté temporelle*. Une partie du clergé entrait dans les idées du pape; il fallait donc que Philippe-le-Bel s'appuyât sur une nouvelle force; il la trouva dans le peuple.

En 1303 on éleva près de Compiègne un repos de chasse sous le nom de La Neuville, appelé plus tard Royal-Lieu. Philippe-le-Bel, en 1308, y plaça vingt profès de l'ordre du Val-des-Ecoliers : il les déclara ses chapelains, et leur assura des fonds pour subsister. Le roi Philippe-le-Bel et Philippe de Valois abandonnèrent aux religieux toutes les maisons de La Neuville et les dépendances. Cet établissement, grâce à la faveur de plusieurs princes, put réparer les pertes que lui causèrent les guerres civiles.

L'évêque de Beauvais, ayant obtenu en 1636 ce prieuré en communauté, le céda à la dame de l'Aubespine, abbesse de Saint-Jean-aux-Bois ; dès ce jour les moines de Royal-Lieu furent tous transférés dans cette dernière abbaye, et les religieuses vinrent occuper le prieuré de Royal-Lieu.

Les rois Louis X, surnommé le Hutin, Philippe V, dit le Long, et Charles IV, dit le Bel, affectionnèrent, comme leurs prédécesseurs, le séjour de Compiègne. Les deux derniers, par leurs chartes de 1319 et 1327, accordèrent plusieurs priviléges à cette ville.

ETAT-CIVIL.

Nous sommes arrivés à cette époque de funeste mémoire où un roi d'Angleterre, profitant de l'anarchie à laquelle notre patrie fut en proie pendant le règne de Charles VI, vint s'asseoir sur le trône de France. Avant d'aller plus loin, jetons un coup-d'œil sur l'état civil de Compiègne, et suivons autant que possible la trace des changements qu'y apportèrent, depuis Charles-le-Chauve jusqu'à Charles V, les agrandissements successifs de la France, les actes législatifs des rois, et l'établissement des communes.

L'état civil de Compiègne sous Charles-le-Chauve devait être semblable à celui de toutes les villes de France. Sa population était divisée en hommes libres et en serfs. Les lois romaines servaient encore de règles dans la plupart des transactions; mais les droits dont les habitants jouissaient n'étaient fondés que sur des coutumes. Aux décurions avaient succédé, avec l'invasion des Francs, les comtes et leurs assesseurs. Ils étaient chargés de l'administration des villes, du prélévement des impôts, de l'exercice de la justice et de la sûreté publique. Bientôt les comtes possédèrent à vie des fonctions qu'ils n'exerçaient d'abord que temporairement. Charles-le-Chauve fit plus; il les rendit héréditaires. L'autorité était alors un mélange confus du pouvoir militaire, judiciaire et municipal. On ne connaissait pas encore les limites qui les séparent. Les comtes se rendaient quelquefois coupables de tyrannie envers leurs administrés. Leurs assesseurs ou échevins, choisis parmi les hommes libres, devinrent plus tard les protecteurs naturels de la commune.

Charles-le-Chauve est un des rois de France qui contribua le plus à l'agrandissement de Compiègne. Dans ces temps de ferveur religieuse, c'était surtout par des fondations de monastères que les rois faisaient éclater leur munificence. Alors, aux pouvoirs exercés dans la ville vint se joindre le pouvoir religieux. Les abbés de Saint-Corneille faisaient partie de l'assemblée de la ville pour les objets d'intérêt général, et exerçaient la justice sur les terres et les lieux qu'ils possédaient. L'abbaye de Saint-Corneille, par l'étendue de ses possessions et de ses attributions, dut exercer une grande influence sur les habitants de Compiègne, et sur l'administration en général. Ainsi, parler de Saint-Corneille c'est parler de Compiègne. Charles-le-Chauve combla cette abbaye de dons et de richesses, et ses successeurs accrurent sa puissance et sa juridiction.

Ce prince donna à l'abbaye un enclos situé à Compiègne, et connu sous le nom de culture de Charlemagne. Il lui donna aussi le château des Ajeux avec sa chapelle et ses dîmes, une portion de péage sur la rivière d'Oise; de plus, la pêche sur cette rivière depuis le clocher de Clairoix jusqu'au clocher de Jaux; les moulins situés sur le pont (*et de nostro jure, in jus et potestatem ejusdem monasterii transtulimus*); la terre de Marest, assise sur la rive droite de la vallée du Matz, et celle de Longueil-sous-Thourotte, située en partie sur le versant septentrional du mont Gannelon.

Le monastère de Saint-Corneille, ayant été deux fois incendié, fut rétabli en 917 par Charles III. Il renouvela ses titres, et y ajouta la juridiction sur les chanoines de Saint-Clément qu'il avait fondés dans Compiègne, avec Frédérine, son épouse.

En 919, le même prince lui donna entre autres biens, le jardin du palais, situé entre les corps-de-logis du château et le pont de l'Oise ; la neuvième partie des revenus du château en foin, seigle et vin, et un neuvième dans les droits de travers perçus sous le pont.

Plus tard le roi Robert-le-Pieux lui donna deux manses et un alleu sis à Moriencourt ; le prædium avec ses dépendances attenant au palais de Verberie. En 936, Louis IV, dit d'Outremer, soumet à l'église Saint-Corneille la chapelle de Saint-Lazare et ses desservants, avec pouvoir d'instituer, corriger et destituer. Nul monument historique ne rapporte la date de la fondation de cette chapelle.

En 1092, le roi Philippe Ier lui fait don de l'église Saint-Germain et de l'église Saint-Clément. En 1155, Louis-le-Jeune leur donne l'abbaye de Saint-Jean, dans la forêt de Cuise.

En 1215, ils possèdent une terre à Coudun. Ici, c'est une redevance que leur paye la commune de Margny pendant la semaine sainte, et qui se transforme en 260 livres de cire. Ils obtiennent à cette occasion une charte de Charles IV en 1323. Enfin, l'enclos appelé culture de Charlemagne étant un terrain très vaste, tous les établissements publics ou privés qui s'y construisirent relevèrent de l'abbaye. Les dîmes, les impôts qu'elle y percevait durent aussi accroître considérablement ses revenus; non-seulement les rois lui octroyaient des dons, mais quelques–uns aussi se constituèrent ses avocats, comme le prouve le fait que nous allons rapporter. Les moines de Saint–Corneille avaient droit de justice sur le château des Ajeux et ses dépendances. En 1085, l'évêque de Soissons, Hilgot, leur contesta cette autorité. Il prétendait que les religieux avaient entrepris sur ses droits, et les fit citer au concile de Compiègne, présidé par Regnaud, archevêque de Reims; le roi Philippe Ier défend lui-même et gagne la cause des religieux. En 1118, le pape Calixte II confirma les priviléges (*conferamus providentes antiquas et vestræ ecclesiæ inconcussas consuetudines*). En 1150, le pape Eugène déclare que les religieux Bénédictins sont exempts de la juridiction des évêques, et relèvent immédiatement du Saint-Siége. En 1190, le prieuré de Saint-Nicolas-du-Pont, rebâti par les religieux, est placé sous leur juridiction.

En 1163, Alexandre III donna par une bulle tout pouvoir à l'abbé sur l'hôpital, sur les églises Saint-Clément, Saint-Maurice, Saint-Germain, Saint-Pierre, sur toutes les autres chapelles de la ville et sur les léproseries.

Mais la population s'accroît : l'église de Saint-Germain ne suffit plus à l'affluence des fidèles. On fonde en 1198 les églises Saint-Jacques et Saint-Antoine, et Innocent III délègue Eudes, évêque de Paris, et Hugues, abbé de Saint-Denis, pour procéder à la division de la paroisse de Saint-Germain. Il confirme l'abbaye de Saint-Corneille dans ses droits sur les nouvelles paroisses et sur toutes les églises non paroissiales. Les deux nouveaux curés sont placés sous la juridiction de l'abbé. Ce dernier leur donne trois muids de blé par an à prélever sur la totalité du dîmage de Compiègne. Il a en outre la nomination et la surveillance sur tous les prêtres et les clercs ; il a le droit de correction sur les desservants, le droit de conférer seul le Baptême pendant l'octave de Pâques et la Pentecôte, et d'appliquer les saintes huiles pour l'Extrême-Onction.

Henri, fils de Robert, s'occupa de la juridiction de Saint-Corneille. Il lui donna une forme régulière. Il institua pour l'abbaye un prévôt, lui donna un sceau grand et petit; un bailly, des greffiers et des sergents. Elle eut bientôt des priviléges qui n'appartenaient qu'aux hauts justiciers. Ainsi personne dans la ville ne pouvait bâtir *tour et maison forte* sans son exprès consentement. Elle eut alors tours, sentinelles, créneaux, prison, auditoire, fourches patibulaires, foires, marchés, droits de rouage, forage sur les vins, travers et péages par les ponts et rivière d'Oise attenants les murs de Compiègne. Elle eut ses juges, ses crieurs, ses droits d'inventaire, de décrets, d'héritage et tutelle. Il existe deux actes (1307) par lesquels le

TOUR DE LA MONNAIE. (dite Tour de César.)

maire de la ville de Compiègne reconnaît n'avoir aucun droit *en la terre ni hostise des dits de Saint-Corneille*. Au nombre des priviléges des moines ajoutez encore celui-ci qui donne une idée des usages de ce temps : ils avaient seuls le droit de chanter dans les rues, et excommuniaient ceux des autres prêtres qui voulaient les imiter. Ces derniers, avant de prêcher, recevaient la bénédiction de l'abbé ou du prieur de Saint-Corneille.

Ils mettaient du reste beaucoup de persistance à défendre leurs droits et leurs prérogatives, et n'ignoraient pas qu'une concession en amène bientôt une autre. Ils soutenaient donc leurs droits non seulement en employant les moyens judiciaires du temps, mais encore les armes spirituelles. Ayant lancé des excommunications et des interdits contre des maires et échevins de la ville, ceux-ci furent obligés de demander l'absolution des excommunications prononcées contre eux. En 1215, un conflit s'élève entre le seigneur de Coudun et l'abbaye, au sujet d'un droit de haute justice; une sentence arbitrale intervient sur cet objet.

et donne gain de cause à cette dernière. En 1233, les Mathurins, établis par saint Louis pour desservir l'Hôtel-Dieu et Saint-Nicolas, sont expulsés pour n'avoir pas voulu se conformer à la juridiction de Saint-Corneille : cette abbaye comptait au nombre de ses chefs des princes du sang, des évêques.

Dans la nef abbatiale de l'église de Saint-Corneille il existait une chapelle qui avait donné lieu à l'érection d'une cure : on l'appelait la Cure du Crucifix. Plusieurs enclaves de la ville, relevant d'elle, constituèrent ce qu'on appelle la paroisse du Crucifix; elle avait d'autres annexes hors de la ville et même dans trois diocèses; les fieffés de Saint-Corneille en dépendaient. Les biens ecclésiastiques, les terres que possédaient les établissements religieux, n'étaient pas à l'abri des entreprises criminelles des seigneurs; la personne même des religieux et de l'abbé n'étaient pas toujours respectée : ils se mirent sous la protection de personnages puissants, auxquels on donnait le nom de *fieffés;* en retour de cette protection, des terres et des propriétés leur étaient inféodées. Il paraît néanmoins que malgré ce protectorat, qui semblait devoir les éloigner de fonctions serviles, les fieffés étaient astreints à une sorte de service domestique. Ils étaient au nombre de huit, et servaient l'abbé particulièrement aux cérémonies religieuses, où ils marchaient devant et derrière avec des baguettes. Ils demeuraient dans l'intérieur du monastère, et y étaient nourris. Ils sont appelés *casati* dans un acte de 1234. Mais au dire des religieux, les fieffés n'étaient nullement des valets, mais bien des barons, des pairs, des vidames, lesquels dépendaient de l'abbaye pour le temporel, et du Crucifix pour le spirituel. Toutefois, il n'est pas invraisemblable qu'établis primitivement pour le service personnel de l'abbé dans l'exercice du culte, ils aient été remplacés plus tard, eu égard à la puissance toujours progressive de l'abbaye, par des seigneurs flattés de lui appartenir. Il existe, en date de l'année 1245, un acte de foi et hommage rendu à l'abbaye par Jean de Grisvilier, seigneur d'Houdancourt, par lequel il reconnaît que l'abbaye lui a donné en fief quarante-deux arpents de terre situés au bois d'Ajeux, se réservant la haute justice. La cure du Crucifix avait pour revenus les dîmes de la paroisse.

Suivant un privilége accordé par Philippe Ier en 1092, le vendredi avant le quatrième dimanche du carême, les officiers de Saint-Corneille prenaient possession de la justice de toute la ville pour l'exercer pendant l'espace de trois jours. C'est ce que l'on appelait les trois jours prévôts. Il n'y avait jamais pendant ce temps d'autres juges dans la ville que le prévôt de Saint-Corneille ; et le dimanche, terme de cette autorité transitoire, le clergé, les échevins et tous les corps de la ville assistaient à la procession du saint-suaire.

Les revenus de l'abbaye, devenus considérables avec le temps, durent, ainsi que sa juridiction, ses droits et ses priviléges, lui donner comme on voit une haute prépondérance. Ainsi, mode d'immunités, donations, priviléges, droits, tout concourait à sa prospérité. Les autres abbayes et communautés religieuses, situées dans la campagne, étaient plus en butte aux avanies et aux vexations des seigneurs que celles des villes, et beaucoup plus exposées à subir la loi du plus fort. Vers le 3ᵉ siècle, époque à laquelle commence l'établissement des cures, les revenus ecclésiastiques appartenaient à l'évêque. Les archidiacres en avaient sous lui l'administration. On abandonna alors une partie des bénéfices aux curés, et le surplus resta pour les évêques et les archidiacres. La part des évêques était du quart du revenu entier, ou la quatrième année, et par la suite ils se contentèrent du revenu des cures vacantes, ce qui s'appela *déport* [1].

Quand les villes s'administrèrent elles-mêmes, qu'elles eurent à exercer une autorité, les attributions du corps municipal durent quelquefois se croiser avec le pouvoir temporel de l'église. C'était, mais sur un bien plus petit théâtre, ce qui se passait dans les hautes régions du pouvoir et du sacerdoce.

[1] Chopin : *De sacrá.*

Les chanoines, expulsés en 1150, ayant soustrait les anciens titres de l'abbaye; ou ces titres ayant été perdus dans les incendies qu'elle eut à souffrir à diverses époques, les curés qui dépendaient de Saint-Corneille tentèrent plus d'une fois de se soustraire à son autorité. L'administration de la ville chercha aussi plus d'une fois à y porter atteinte. Enfin la maîtrise voulut également les déposséder d'une partie de leurs droits sur la rivière. Nous parlerons plus tard de ces diverses entreprises. Le domaine royal, très borné dans son étendue, ne contenait, à l'avénement de ce prince, que Paris, Compiègne, Melun, Étampes, Bourges, et quelques autres villes peu considérables[1].

Compiègne, au temps de Louis-le-Bègue, dut être une des premières villes, après Noyon, qui s'organisa en commune. Mais on rapporte à Louis-le-Jeune cette organisation définitive. Ce prince, par une charte de 1143, accorda aux habitants

---

[1] Velly. Hist. de Fr.

de cette ville le droit de communauté, et leur conféra toute la justice civile et criminelle tant dans la ville que dans la banlieue. Il leur accorda aussi en 1179 le droit de chauffage dans la forêt. En 1210, le roi Philippe-Auguste affranchit les habitants de toute servitude, telle que mainmorte, fort-mariage, etc. Chacun pouvait disposer de son bien et se marier librement. Ce prince ne devait pas se montrer moins généreux que Philippe Ier, qui affranchit la ville de Crépy. Avant de suivre la coutume de Senlis, Compiègne se gouvernait selon sa coutume. Le pouvoir municipal commença alors à être connu, et à former un corps distinct. La ville eut son maire, ses échevins, ses commis pour la perception des droits d'entrée, du péage; son administration, son trésorier, sa milice avec ses chefs. Ensuite, par une charte de 1310, le roi Philippe dit le Long retira la justice à la ville, et la fit exercer par des prévôts royaux. Néanmoins la commune retint encore dans son régime intérieur, quelques-unes de ses anciennes attributions, et continua à exercer sa juridiction sur différentes localités de la banlieue, ainsi qu'il est prouvé par une charte de 1208, par laquelle Philippe-Auguste abandonne aux maires et jurés, avec tous ses droits et tout ce qu'il possédait à Margny en prés, revenus et profits, les coutumes du poisson et du sel : ses revenus, qui auparavant ne se composaient guères que de ses droits d'entrée, se trouvèrent dès lors augmentés par cette donation.

Dans un compte général rendu en 1202, on voit que ce roi avait des vignes à Compiègne. On porte en dépense 29 liv. 10 s. pour la façon des vignes de Compiègne, du Beauvoisis et de Rivecourt : ces vignes étaient sans doute comprises dans les revenus et profits ci-dessus mentionnés, qu'il possédait à Margny. Il abandonna aussi à la ville de Compiègne ses droits sur la foire de la mi-carême qui durait quinze jours; il n'oublia pas dans cette circonstance les religieux de Saint-Corneille, qui partagèrent avec cette ville les bénéfices de cette concession.

Les habitants de Compiègne exercèrent en outre des droits de Seigneurie à Giroménil (Saint-Sauveur). Philippe de Valois les engagea en 1350 à vendre à Pierre de Cugnières, pour une somme de 100 livres parisis, les terres, cens, rente, vinage et droits de justice qu'ils y possédaient. Sur la fin de la période que nous examinons, Compiègne devait avoir une certaine étendue. Il s'était relevé des ravages qu'y avaient exercés les Normands. Il devait y exister un nombre considérable d'artisans, d'ouvriers et de producteurs pour fournir aux besoins du luxe de ce temps, satisfaire aux nécessités de la vie, et exercer enfin toutes les professions que font naître les grands centres de population. C'est à la fin du XIIe siècle que furent commencées les églises Saint-Jacques et Saint-Antoine, ainsi qu'une grande partie des fortifications : ces constructions, qui durèrent longtemps, et qui furent renouvelées en partie depuis, durent amener sur les lieux beaucoup d'ouvriers et occuper une foule de bras.

L'Oise, depuis longtemps navigable, voyait ses flots couverts d'embarcations chargées des richesses de la Flandre. Les villes de cette fertile contrée, très anciennement formées en communes, s'étaient enrichies par un commerce d'échange dont elles eurent longtemps le privilége en Europe. L'Oise servait de communication entre Paris et le Nord. Les bateaux soumis à un péage devaient s'arrêter à Compiègne, y renouveler leurs provisions, et, par l'emploi des agrès et des matériaux de toute nature qu'exige leur service, devaient y avoir provoqué l'établissement de ce grand nombre de personnes que la marine fluviale occupe. Toutes ces causes de prospérité avaient dû réparer peu à peu les malheurs causés par l'invasion des Normands. Quoique nul monument historique ne rappelle d'une manière positive le souvenir de leur passage dans cette ville, il est difficile de croire qu'elle ait échappé à leur rapacité. L'abbaye de Saint-Corneille ayant été incendiée quelque temps après sa fondation, ce fait coïncide avec l'époque où ces barbares, pénétrant par la rivière d'Oise jusqu'à Noyon et Quierzy, dévastèrent et mirent à contribution tout le pays des environs.

Cependant la foule de droits de travers qui s'établirent depuis Compiègne jusqu'à Beaumont firent tort au commerce de la contrée. Les rois, par une libéralité mal entendue, abandonnaient à des communautés ou à des particuliers des redevances essentiellement destinées à l'entretien des rivières et des chemins de halage : elles étaient perçues anciennement par des péagers, agents dont la création remonte à l'époque du Bas-Empire ; on les appelait alors comtes du rivage, *comites riparii* ; ils étaient chargés de l'entretien des chemins de halage et de la sûreté de la navigation, objets qui rentrent aujourd'hui dans les attributions des ingénieurs et des inspecteurs de la navigation.

Les guerres privées qui désolèrent longtemps la France, et dont on ne put suspendre les fureurs qu'en instituant la trêve de Dieu, n'exercèrent point leurs ravages à Compiègne, qui faisait partie du domaine royal : cependant on dut mettre de bonne heure cette ville à l'abri des entreprises des grands feudataires. Nous parlerons bientôt de ses fortifications.

Les rois, en établissant les cas royaux, étaient parvenus, même dans les justices seigneuriales, à créer leurs tribunaux, leur justice. Toutefois, Compiègne, qui relevait directement du roi, était depuis longtemps le siége d'un tribunal. Quand cette ville dépendit de Senlis pour la juridiction, elle eut son lieutenant du bailli, un prévôt, des assesseurs, son garde-scel, son greffier, et des tabellions jurés. Leur juridiction s'étendait sur toutes les parties de la ville qui n'étaient pas soumises à l'abbaye, sur tous les lieux du territoire de Compiègne, et même au dehors, comme il paraît d'après une ordonnance du roi Jean du 26 août 1354, qui prescrit que toutes les causes qui regarderont les biens des chanoines de la cathédrale de Soissons, situés à Pierrefonds, seront portés devant le prévôt du bailli royal de Senlis, résidant à Compiègne. Il n'y avait point alors de code de procédure criminelle. Quand le différend ne se vidait pas par le combat, on infligeait à l'accusé une peine arbitraire. Les registres *olim* parlent d'un jugement rendu à Compiègne, en 1275, contre un nommé Herbert, condamné à faire le voyage de Saint-Jacques en Galice, pour avoir insulté Gérard, le boucher (*carnifex*). Voici encore un jugement qui se rendit dans cette ville. Il pèche sans doute par trop de rigueur ; mais il prouve que du moins le sentiment de la dignité nationale existait alors dans toute sa force : Un habitant de Compiègne ayant eu la témérité de dire, quelque temps avant la bataille de Crécy (26 août 1346), qu'Edouard avait plus de droits à la couronne de France que Philippe, il fut traité en criminel de lèze-majesté, et condamné à avoir les bras, les cuisses et la tête coupés sur un échafaud[1]. On assignait, on payait des arrhes sur l'amende que l'on avait encourue. Il y avait exécution de prise de corps. Un maire, pour avoir manqué à un sergent royal chargé de faire une prise de corps, fut condamné, au tribunal présidé par le bailli, à 40 livres d'amende. On divisait aussi les causes,

---

[1] Tablettes des Rois de France.

prononçant d'abord sur la culpabilité, puis sur la peine. S'agissait-il d'un fait grave, le bailli, ou son lieutenant, se transportait sur les lieux et faisait une enquête; on faisait aussi prêter serment aux témoins. Quant à la cour des champions, dont l'existence ne dut pas être fort longue, c'était un tribunal exceptionnel; il était là comme une des nécessités du temps. Les parties avaient le droit de porter leurs causes devant cette cour, ou devant la justice du roi.

Dans l'incertitude qui planait sur toutes les institutions, et rendait précaire l'existence des corps chargés de l'administration de la ville, chacun défendait ses droits ou cherchait à les étendre. La commune ne resta point en arrière. Elle finit, comme nous l'avons vu, par les absorber tous. Cependant ses efforts pour acquérir de la prépondérance n'étaient pas toujours couronnés de succès. En 1311, sous le roi Philippe-le-Bel, un différend sur la juridiction de Royal-Lieu s'éleva entre les religieux de ce couvent et les majeurs jurés et communautés de Compiègne. Les religieux prétendaient que partout où ils avaient sens foncier, vinage, terrage, champart, ils avaient justice haute et moyenne, comme seigneurs fonciers. Ces droits ayant été confirmés, la ville fut forcée de renoncer à ses prétentions.

Sans doute il devait y avoir choc, rivalité, entre le pouvoir civil et le pouvoir religieux : ce dernier surtout entrait en quelque sorte en partage avec la commune dans l'exercice du pouvoir temporel; car il étendait sa juridiction non seulement sur toutes les églises et leurs desservants, mais encore sur tous les établissements particuliers que chaque jour voyait se former dans l'enclos dit la culture de Charlemagne. Mais l'action de ces pouvoirs presque toujours en jeu, celle des maires, des échevins, des jurés, ou des employés des divers services, cette cour de champions accordée aux habitants peu de temps après leur affranchissement, la juridiction qu'en 1282 une charte leur octroya sur les duels, l'organisation des compagnies bourgeoises, tout enfin dut concourir, vers la fin de cette période, à faire de cette localité un point important.

Auprès du tribunal de Compiègne existait encore le siége de l'exemption, ayant son prévôt, son greffier, ses assesseurs : à cette époque où le seigneur féodal, en héritant de la terre, héritait aussi des droits qui y étaient attachés, il arrivait souvent que le ressort des justices seigneuriales avait d'imperceptibles ramifications. Ainsi, telle partie d'une ville relevait de la seigneurie d'une autre ville, *et vice versa.* Quand les rois firent ressortir à leurs tribunaux une foule de cas, les communes ou corporations, pour se soustraire à la tyrannie de leurs seigneurs, demandèrent de dépendre directement de la justice du roi. Alors, suivant des arrangements particuliers, confirmés par des édits, on institua des siéges pour juger les causes et les affaires concernant les terres soustraites aux anciennes juridictions : c'est ce qu'on appelle l'exemption. Compiègne eut, dès l'an 1136, un siége de l'exemption : sa justice était la même.

Les fêtes publiques, les exercices des milices, ceux des compagnies bourgeoises, les cérémonies du culte, celles qui accompagnaient la réception des chevaliers, venaient aussi faire diversion, soit aux malheurs des temps, soit aux occupations journalières et aux travaux des habitants. L'institution de la chevalerie, sortie de l'anarchie féodale, et qui contribua si puissamment à polir les mœurs de nos pères, formait une sorte d'association, dont les membres devaient joindre aux qualités guerrières la pratique de toutes les vertus. A cette époque de conviction et de foi, point d'acte public sans le concours de la religion; son intervention rendait plus obligatoires et plus irrévocables les devoirs imposés à la chevalerie, à laquelle on se préparait par un long apprentissage. Les jeunes gens issus des premières familles ambitionnaient l'honneur d'être admis auprès des chevaliers de renom. Ils débutaient par être pages, varlets et damoiseaux; dans ces fonctions, ils s'exerçaient au noble métier des armes, et apportaient ensuite leur tribut de poésie et de gentil langage aux longues soirées d'hiver de la dame châtelaine et aux veillées d'armes. Avant de se faire initier, le récipiendaire prenait un bain, et revêtait une robe blanche, emblème de son âme purifiée de toute souillure : puis, arrivé dans l'église, on le plaçait sous la protection de Marie, mère de notre divin Sauveur, et là il recevait les éperons d'or et l'accolade, symboles des combats qu'il allait avoir à soutenir et de la protection qu'il devait accorder aux faibles et aux opprimés. L'histoire ne dit pas toutefois que les Bénédictins se dégradassent par ces fêtes licencieuses qui se célébraient chez nos pères, et auxquelles les ecclésiastiques se mêlaient; je veux parler de la fête des fous, des sots, de l'âne, etc. Aux orgies et à la vie déréglée des moines avaient succédé chez les Bénédictins des récréations plus décentes. Le château des Ajeux servait de maison de plaisance aux religieux de Saint-Corneille : ils y venaient en bateau, de Compiègne : montés sur leur gondole, construite avec l'élégance du temps, et peinte de couleurs diverses, ils s'abandonnaient mollement au fil de l'eau, et de là ils pouvaient jouir de la vue du paysage, et des sites pittoresques qui de tous côtés se détachent du milieu des campagnes que l'Oise arrose, et qui embellissent encore aujourd'hui les bords de cette rivière. Il paraît toutefois que la gravité, le silence, le recueillement étaient des vertus auxquelles leurs efforts ne leur permettaient pas d'atteindre; car, en 1262, le pape Urbain leur donna, sur leur demande, le droit de parler pendant l'office.

Le saint suaire que cette abbaye possédait lui fournit souvent l'occasion de déployer toutes les pompes du culte religieux; il avait été donné à Charlemagne par des princes d'Orient, et déposé à Aix-la-Chapelle. C'était, dit Jacobus Riflétius qui a écrit des saints suaires de Notre Seigneur, un de ces linges qui ont couvert le corps de Notre Seigneur gisant au sépulcre. Ce linge, appelé *Sindon Domini*, est un drap fort blanc et délié comme un taffetas léger, lequel fut apporté d'Aix par Charles-le-Chauve, qui le plaça dans un vase d'ivoire. Ce vase avait la forme d'une église avec son clocher, fait de la même manière que les anciennes châsses ou fiertes [1].

En 1093, Mathilde [2], fille de Baudoin, comte de Flandre, et femme de Guillaume, roi d'Angleterre, ayant obtenu la guérison d'une maladie dangereuse à laquelle elle avait failli succomber, lui fit faire une autre châsse toute d'or massif et enrichie d'une infinité de pierres précieuses [3]. Lors de la translation du saint suaire dans sa nouvelle châsse, le roi Philippe Ier se rendit au monastère de Saint-Corneille; puis, accompagné des évêques du royaume, et en présence d'un nombre infini de fidèles, il assista à cette cérémonie à laquelle il s'était préparé par un jeûne de trois jours. Les évêques ordonnèrent que le quatrième dimanche de Carême serait consacré à l'avenir à la mémoire de cette translation.

[1] De *feretrum*, bière, cercueil.

[2] Moréri.

[3] En 1507, on en fit une couronne qui fut estimée plus de cent mille écus par les joailliers du temps.

Les reliques de saint Cyprien et de saint Corneille, celle du saint suaire, furent pour cette abbaye une source abondante de richesses. Elle posséda aussi plus tard le voile de la Vierge. La translation de cette relique de sa châsse dans une autre plus riche, fut faite en 1669, avec pompe et magnificence. Nous en donnerons la description en son lieu.

Le trésor de Saint-Corneille renfermait encore beaucoup d'autres objets. Avec la croix d'or qui passait pour avoir servi de croix pectorale à Charlemagne, on y voyait cinquante-deux reliquaires de toutes formes, de matières diverses, et plus ou moins remarquables par leur antiquité. C'étaient des statues, des bras d'argent ou d'or, des boîtes, des vases, des châsses, des vaisseaux garnis de pierreries, des plats d'argent, des cristaux, des croix, dans lesquels étaient renfermés soit des ossements, soit des parties de vêtement appartenant aux martyrs des premiers temps du christianisme ; des médailles, des couronnes, une main de justice qui était portée dans les grandes solennités par deux appariteurs, vêtus d'une casaque à l'antique de velours bleu aux armes de l'abbaye; un cor très ancien dont on prétend que saint Corneille se servait pour convoquer les fidèles, avant l'invention des cloches, etc. Je dois rappeler un fait qui donnera une idée des mœurs de ce temps. Il existait une statue de la vierge à laquelle le peuple de Compiègne avait tant de dévotion, que chaque jour il détachait quelques parcelles de ses pieds et de ses mains; on fut obligé, pour empêcher cette dégradation, de remplacer ces parties par des pieds et des mains d'argent.

Nous ne passerons pas sous silence les manuscrits qui étaient aussi renfermés dans le trésor de l'église, et qui n'en sont pas la partie la moins instructive.

Elle possédait un ancien missel des abbés réguliers de Saint-Corneille, manuscrit de plus de 600 ans. D'un côté, la couverture était enrichie de lames d'or enchâssées dans une bordure en forme de chassis, ornée d'anneaux très anciens, sur lesquels étaient représentés Notre Seigneur, la sainte Vierge, saint Pierre et saint Jean, et semée de quantité de pierres précieuses, saphirs, émeraudes et perles orientales. Les lames d'or portaient gravés en gros caractères, partie grecs, partie latins, les commencements des quatre évangiles, sans accents ni virgules. L'autre côté, couvert d'argent doré, représentait un portail d'église, au haut duquel, dans une rose, était la sainte Vierge, et au-dessous saint Corneille et saint Cyprien. Autour de la couverture, sur les bords, étaient gravés en gros caractères du 13e siècle, des vers qui indiquaient que Jean de Mérincourt avait fait faire cet ouvrage l'an 1252.

Un autre manuscrit du même temps, dont la couverture, des deux côtés, était d'or travaillé en filigranes, enrichie de pierreries et d'émaux très anciens; on y remarquait particulièrement une belle agathe onyx, de gravure antique, qui représentait en demi-relief la figure d'Alexandre-le-Grand, entourée d'un cercle d'or orné de petites pierreries, avec ces mots en caractères d'or très anciens : *Karolus Pius Rex.*

Enfin, un troisième manuscrit couvert de deux grandes plaques d'ivoire de quatorze pouces de long sur cinq et demi de large, très anciennes et très rares, que l'on nomme communément dyptiques consulaires.

Les consuls, sous les empereurs romains, commençaient l'année de leur consulat par des jeux publics et des libéralités qu'ils faisaient aux peuples : ils faisaient faire des tablettes de différentes grandeurs : les plus petites, ils les jetaient au peuple; les autres, de plus grand prix, étaient destinées aux personnes de qualité. On en faisait même, selon Symmaque, de peintes, et d'autres en or, ou enchâssées de cette matière, pour offrir aux empereurs; ces tablettes, très connues des antiquaires sous le nom de dyptiques, représentaient un ou plusieurs sujets en gravures; le nom, les dignités du consul, celui des personnes auxquelles elles étaient réservées. On s'en servait dans les actes ou contrats publics qui devaient se faire pendant l'année du consulat.

Celles dont nous parlons portaient une inscription écrite en caractères grecs et latins dont voici la traduction : « Moi, Filoxène, étant consul, je fais « ce présent au sage sénat. » Filoxène y est représenté à demi-corps, tenant en sa main gauche le sceptre que les consuls portaient à leurs triomphes, et en sa main droite la serviette ou nappe qu'ils jetaient, à l'exemple de Néron, pour donner le signal de commencer les jeux du cirque. Dans les deux cercles inférieurs, on voyait la figure d'une femme tenant entre ses mains un étendard. Cette figure représentait le sénat de Constantinople, suivant la coutume des Grecs, qui se servaient toujours de ce symbole.

Au temps de Charles V, quels monuments, palais, couvents, églises et monastères, existaient donc à Compiègne ?

D'abord le palais de Charles-le-Chauve, près de la porte de Pierrefonds, et dont les jardins se prolongeaient jusqu'à la rivière d'Oise. Il est à présumer qu'il fut fondé sur les ruines du Palais où Clovis tint son assemblée de Leudes.

Le château de la Monnaie, ou la tour des Forges, élevé par Dagobert.

La tour que l'on voit aujourd'hui, et que l'on nomme indifféremment la tour de Saint-Louis ou de Charles-le-Chauve. C'est un massif de maçonnerie formé d'une espèce de béton, et revêtu intérieurement et extérieurement de pierres calcaires dures. Elle était divisée en trois parties, et avait par conséquent deux étages. Au rez-de-chaussée et dans le massif sont pratiqués cinq enfoncements voûtés à plein cintre. Dans le premier étage il en existe quatre; dans le deuxième on en voit également quatre : l'une de ces ouvertures, dans chaque étage, y compris le rez-de-chaussée, communique avec une espèce de chambre très petite, également pratiquée dans le mur. Ces ouvertures, trop petites pour servir de gîtes ou de réduits, ressemblent plus à des foyers de forge qu'à des chambres.

A gauche, en entrant, existe une ouverture en spirale qui paraissait devoir régner dans une partie considérable du massif, et servir d'escalier ; elle laisse à peine, ainsi que les enfoncements pratiqués dans l'intérieur, un mètre d'épaisseur au mur de revêtement. Cette faible dimension, qui rend la tour vulnérable de toutes parts, doit jeter du doute sur la destination qu'on lui a toujours supposée : elle n'offre en outre dans son développement qu'une seule meurtrière, et nulle trace de machicoulis. Nous laissons à juger jusques à quel point serait fondée l'opinion que cette tour n'est autre que l'ancienne tour des Forges, bâtie par Dagobert.

On voyait ensuite le château fort élevé par Charles-le-Chauve, près de l'Oise, et qui, sous le règne de Louis IX, fut donné aux Dominicains.

L'église et l'abbaye de Saint-Corneille.

L'église collégiale de Saint-Clément, fondée par Charles III. Il avait déjà fait reconstruire l'église de Saint-Corneille, qui de 900 à 918, fut deux fois incendiée : on peut dès-lors le considérer comme le second fondateur de cette abbaye.

L'église Saint-Nicolas, l'Hôtel-Dieu, le couvent des Jacobins, construits sous Louis IX.

L'église Saint-Maurice, la chapelle de Saint-Lazare, l'église de Saint-Pierre, nommée plus tard des Minimes, et dont on voit encore la nef.

Les églises Saint-Jacques et Saint-Antoine, dont la construction était récente. La tour de Saint-Jacques n'était point encore élevée, et le chœur de Saint-Antoine fut changé plus tard.

Il faut ajouter encore à cette énumération l'église de Saint-Germain, ancienne paroisse de Compiègne, qui fut aussi brûlée dans les guerres,

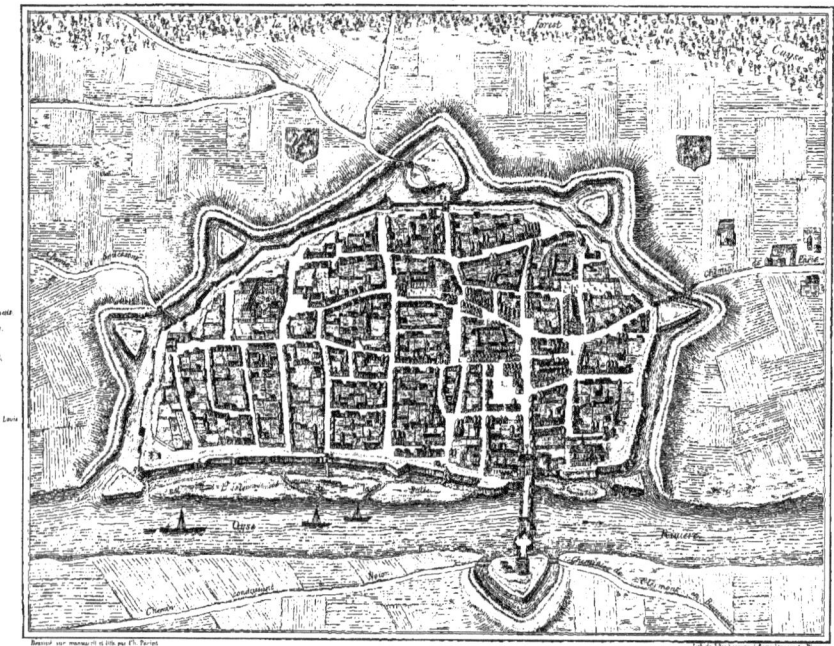

PLAN DE LA VILLE DE COMPIEGNE

et réédifiée ensuite. A l'époque où les fortifications furent élevées, elle resta en dehors de leur enceinte.

Pour construire les fortifications, on fit contribuer le clergé; tous les villages environnants vinrent y travailler. Le roi Eudes commença à les agrandir. On croit qu'il fit, le premier, passer la rivière dans les fossés qui entouraient la ville.

La configuration de Compiègne sous Charles V était à peu près celle qu'elle a conservée de nos jours, sauf les modifications apportées par l'augmentation du nombre de ses maisons et par ses agrandissements. Elle affectait alors la forme d'un demi-cercle légèrement déprimé dans la partie regardant l'est, et dont le plus petit diamètre s'appuyait sur la rivière. Elle présentait un système de défense consistant en un parapet dont le revêtement, fait en maçonnerie, était défendu de distance en distance par des tours; en un fossé que baignaient les eaux de l'Oise, et en demi-lunes également entourées d'eau. Ce système était protégé du côté opposé à la rivière par une espèce de chemin couvert à redans, présentant, dans son développement, la forme d'un fer à cheval dont les extrémités venaient s'appuyer à la rivière. C'était une sorte de ligne continue, à crémaillère, avec angles sortants et rentrants, dont les faces, du reste, ne se défendaient pas mutuellement. Enfin Compiègne, semblable à une île, ne communiquait avec la campagne que par trois ponts jetés sur les fossés, vis-à-vis des portes Chapelle, de Pierrefonds et de Paris. Le Cours actuel était un long et étroit îlot, séparé, par un bras d'eau formant fossé, du reste de la ville, avec laquelle il communiquait au moyen de deux ponceaux, l'un placé vis-à-vis la porte d'Oise (porte d'Ardoise), et l'autre vis-à-vis celle de Notre-Dame (la tête du pont actuel). L'enceinte des murs, à cette époque, était telle qu'elle existait encore cent cinquante ans plus tard. On y comptait 33 tours, y compris celles qui flanquaient les portes; quatre avant-corps formant bastions, dont nous indiquerons l'emplacement, et cinq portes, savoir : les portes Chapelle, de Pierrefonds, de

Paris et d'Oise. Ce nombre fut, dans la suite, porté à huit par le percement des portes de Soissons, de la Reine et Corbye.

Nous allons décrire l'enceinte de la ville à cette époque, en partant de la porte du Pont et suivant la ligne des remparts.

La porte du Pont, que l'on a nommée la porte du Vieux-Pont depuis la construction du nouveau pont en 1730, s'élevait à l'extrémité de la rue actuelle du Vieux-Pont, et communiquait à une conduite d'eau, ou fossé secondaire qui, asséché et remblayé, a formé depuis l'infecte rue des Tanneurs. Cette porte donnait immédiatement entrée au pont construit par saint Louis, qui était encore alors dans un bel état de conservation. Il se composait de sept arches, et était garni en aval d'une file continue de maisons qui s'appuyaient d'une part sur le parapet, et de l'autre sur des piles avancées correspondant à celles du pont, et dont il restait encore des vestiges hors de l'eau il y a cent ans. Ces maisons s'arrêtaient du côté de Margny, vers les deux tiers du pont, à un ouvrage avancé, sorte d'avant-poste ou de grand corps-de-garde, qui en occupait toute la largeur, et en défendait l'accès. Immédiatement après, en allant toujours vers Margny, le parapet s'arrondissait des deux côtés, et formait un petit rond-point; puis le pont reprenait sa première largeur, et allait aboutir à une tour formant tête de pont, et construite sur l'emplacement qui s'étend aujourd'hui devant l'hôtel de la Pucelle d'Orléans, au Petit-Margny. C'est au pied de cette tour, tête de pont, sur la rive droite de l'Oise, et non, comme on pense communément, à la porte même du pont, que Jeanne d'Arc fut prise, accablée par le nombre des ennemis, et n'ayant pas même pu franchir, dans sa retraite, le premier ouvrage avancé dont nous avons parlé plus haut, et qui lui eût offert un refuge momentané.

Vers la première pile du côté de la ville, le pont communiquait, en amont, par un plancher garni de garde-fous, sur un terre-plein formant un vaste bastion circulaire; là reprenait le rempart qui arrivait, en longeant la rivière, à la porte *Notre-Dame*, située au bout de la rue de la porte Notre-Dame (actuellement rue du Pont-Neuf); c'est à cet endroit que l'on a construit depuis le pont actuel. De là, après avoir passé un bastion triangulaire, désigné dans les vieux documents sous le nom de *boulevart des Papillons*, et placé en face du prolongement supposé de la rue des Papillons (actuellement rue des Petites-Ecuries), et en remontant toujours vers le nord-est parallèlement à la rivière, on gagnait la *porte d'Oise* qui se trouvait en face de la rue des Neuf-Ponts (actuellement rue d'Ardoise), et qui a changé son nom en celui de porte d'Ardoise. Le rempart, suivant toujours à peu près la même direction, conduisait ensuite à l'angle septentrionnal de la ville, où s'élevait une tour circulaire, nommée la tour *Palée*. Il est à remarquer que cette tour donnait son nom à l'îlot sur lequel, ainsi que nous l'avons déjà dit, on a planté la promenade du Cours, et qui se nommait alors île de la Palée. Cet angle, qui s'avançait jusqu'au talus intérieur du grand canal actuel, a disparu de nos jours, et a été tranché par le mur de la terrasse du Parc.

De la tour Palée, le rempart tournait brusquement au sud-est, flanqué de cinq tours qui existent encore, et dont la troisième, à partir de celle Palée, qui se nomma plus tard la tour des Anglais, arrivait à la Porte-Chapelle. De là, en suivant vers le sud, le rempart longeait les derrières du Louvre (château actuel), et l'on arrivait, après plusieurs redoutes, à un bastion ou pâté formé extérieurement de cinq portions de cercle; c'est ce que l'on nomma depuis la Vierge, et postérieurement encore la porte de Soissons. A l'époque dont nous parlons, ce pâté n'était sans doute qu'une poterne, mais sans communication apparente avec l'autre côté du fossé.

Après avoir passé ce bastion, 160 mètres plus loin environ, on rencontrait la porte de Pierrefonds, qui communiquait par un pont à une grande lunette sur laquelle s'élevait des corps-de-garde et autres ouvrages avancés; un second pont joignait la lunette au chemin conduisant à Pierrefonds par la forêt.

De cette porte, le rempart continuant au sud-ouest, et tournant ensuite vers l'ouest, conduisait à celle de Paris; mais on rencontrait avant d'y arriver un bastion sans issue apparente, et où l'on a percé depuis la porte Neuve ou de la Reine; la porte de Paris, comme celle de Pierrefonds, communiquait avec une lunette entourée d'eau, et sur laquelle s'élevait un corps-de-garde; un second pont joignait également cette lunette au chemin de Paris.

En continuant au nord-ouest, le rempart joignait la rivière, et tournait alors vers le nord, en s'arrondissant, pour gagner, le long du couvent des Jacobins, la porte du Pont, que nous avons prise comme point de départ, et à laquelle il aboutissait au pied de la vieille tour, dite tour de Saint-Louis, dont nous venons de donner la description.

Il résulte de documents authentiques, et particulièrement d'un procès-verbal de toisé au-dedans des murailles de Compiègne, fait en 1430, c'est-à-dire un peu après l'époque où nous plaçons cette description de la ville, que le rempart présentait un développement de 1334 toises 2/3 (2601 m. 32 c.); elle occupait donc un emplacement de 53 hect. 1/2 de surface, ou de 157 arpents 1/2 de Paris.

Deuxième Période.

PARTIE HISTORIQUE.

CHARLES IV étant mort sans laisser d'enfants mâles, ce fut Philippe VI qui monta sur le trône. Edouard III, roi d'Angleterre, fils de la sœur de Charles IV et neveu du roi mort, prétendait l'emporter sur le cousin germain de ce dernier. C'est de cette époque que datent les prétentions des rois d'Angleterre au trône de France.

Le doute que ces prétentions diverses à la couronne faisaient planer dans l'opinion, favorisait les entreprises des plus proches parents du Roi. Tous ceux qui avaient à se plaindre de lui, tous les seigneurs puissants, les princes du sang, qui désiraient ou des principautés, ou des provinces, devenaient les auxiliaires des Anglais, qui se jetèrent sur la France comme sur une proie à dévorer. De là est venue cette série non interrompue de misères qui assaillirent notre patrie jusqu'à la fin du règne de Charles VII.

La perte de la bataille de Crécy, sous Philippe-de-Valois; celle de Poitiers, sous Jean II, son successeur, où ce dernier fut fait prisonnier et mené en Angleterre; les désastres qui furent la suite de ces défaites avaient jeté la plus grande défaveur sur la noblesse, à laquelle avait été remis jusqu'alors le soin de défendre l'honneur et l'indépendance du pays. Telles furent les causes de cette insurrection des habitants de la campagne, à laquelle on a donné le nom de Jacquerie.

A la nouvelle de la captivité de Jean II, l'ambition de Charles-le-Mauvais, son gendre, se réveilla; croyant que le moment de la satisfaire était arrivé, et voulant faire tourner à son profit l'insurrection des habitants des villes et des campagnes, il vint à Paris, où était alors son jeune et peu dangereux compétiteur; c'était le régent, depuis Charles V.

Les habitants de Paris, sous la conduite de Marcel, prévôt des marchands, s'étaient révoltés, et avaient entraîné dans leur mouvement une partie des états-généraux, rassemblés pour remédier aux maux du royaume. Les deux rivaux cherchaient, en haranguant le peuple [1] dans les places publiques, à gagner la faveur populaire; mais les habitants de Paris s'étant déclarés pour Charles de Navarre, Charles V fut obligé de quitter la capitale; il vint

---

[1] Le Monde hist.

en 1358 à Compiègne, où se trouvaient réunis, à la tête de forces considérables, les seigneurs de France, fatigués des insultes qui leur étaient prodiguées par les gens de la campagne. A tous les maux causés par la guerre civile, vinrent encore se joindre la peste et la famine.

Cependant la révolte n'avait point encore acquis un tel degré de force, que le régent fût sans pouvoir. Il comptait dans la capitale un grand nombre de partisans. C'était moins une émeute qu'un mouvement patriotique qui prenait sa source dans la fierté nationale, blessée par la perte consécutive de deux batailles. Le Dauphin (Charles V) entouré de troupes nombreuses, prit une résolution définitive qui le sauva [1]. Pour soustraire les états-généraux à l'influence des mécontents dont le foyer était Paris, il choisit Compiègne pour lieu de leur réunion (1358). Ce fut dans cette ville qu'il obtint les subsides et les troupes qui lui avaient été refusés. Ces subsides consistaient dans le 10^e

---

[1] Le Monde hist.

des revenus ecclésiastiques; le 20ᵉ des revenus nobles et des fiefs possédés par les roturiers; l'entretien d'un homme d'armes par soixante-dix feux dans les villes, et par cent feux dans les campagnes. Les états de Compiègne le remercièrent au nom de la nation, de ce que, dans des temps de trouble et de calamité, il n'avait pas désespéré du salut de la France [1]. Ils devancèrent ainsi le jugement de la postérité.

Marcel jugeant qu'il s'était engagé trop avant, essaya de conjurer l'orage. Le recteur de l'Université se rendit à Compiègne, pour ménager un accommodement entre ce prince et les Parisiens. Mais les conditions paraissant trop rigoureuses à ces derniers, ils persistèrent dans leur révolte (1358) [2].

Alors les hostilités recommencèrent; bientôt les campagnes sont ravagées et par les soldats de

---

[1] Velly. Hist. de Fr.
[2] Velly. Hist. de Fr.

Charles de Navarre, et par ceux du dauphin, et par les soldats d'Edouard. Les paysans désespérés se réunissent en masses considérables, ils se jettent sur les nobles, assassinent leurs femmes, leurs filles, et incendient leurs châteaux. Ils égorgent sans distinction les chevaliers qui appartiennent à l'armée du régent, à celle de Charles de Navarre et à celle d'Edouard. Ce mouvement commença dans le Beauvaisis, et se communiqua rapidement. Ils s'étaient soulevés au nombre de plus de 100,000 hommes. On les appela Jacques, du nom d'un de leurs chefs, habitant du village de Mello. Dans quelques localités ils se joignirent aux Anglais; dans d'autres, ils leur firent la guerre. Chaque parti se retranchait dans l'église ou le village qu'il occupait. C'est à cette époque que Longueil près Compiègne servit de forteresse à 200 paysans révoltés, que les Anglais qui occupaient Creil vinrent attaquer; et c'est ce village qui fut le théâtre des actes de courage et de valeur de Féret, dont nous parlerons plus tard.

Enfin, pour mettre le comble à tous ces maux, à tous ces désastres, le roi Jean signe à Londres un traité où il cède à Edouard la plus grande partie de la France. Mais les états-généraux rejetèrent cet odieux arrangement. Après de nouvelles dévastations, on parvint enfin à conclure le traité de Brétigny (1360), qui fixe la rançon énorme du roi Jean, et donne à Edouard l'investiture de plusieurs provinces de France. Ce dernier, pour en assurer l'exécution, exigea qu'on lui remît comme ôtages de notables bourgeois des villes les plus importantes de France. Compiègne fut de ce nombre. Nul document n'a conservé le nom de ceux de ses notables qui furent désignés.

En 1364, quelque temps avant la mort de Jean Ier, Charles V, étant encore régent du royaume, se retire à Compiègne, et s'y défend contre les Bourguignons. C'est sous son règne que naquit à Compiègne le célèbre Pierre d'Ailly, qui fut chargé de diverses négociations auprès du pape et de l'empereur. Ce roi envoya Louis, duc de Bourbon, son beau-père, à Compiègne, pour y recevoir l'empereur Charles IV, son oncle.

La sagesse du gouvernement de Charles V, sa prudence, la solidité de son jugement, l'adresse et l'habileté qu'il apporta dans ses négociations, finirent par purger la France de la présence des Anglais. L'ordre dans l'administration, le retour de la paix, à la faveur de laquelle se développèrent le commerce, l'industrie et l'agriculture, commençaient à cicatriser ses plaies, lorsque le règne de Charles VI la replongea dans un nouveau dédale de malheurs.

Charles VI avait douze ans et demi lorsqu'il perdit son père. Le gouvernement tomba entre les mains de ses oncles, les ducs d'Anjou, de Berri et de Bourgogne. Le premier, poussé par une sordide avarice, s'empara des trésors de Charles V et de l'argent des caisses publiques[1]. Il voulut créer de nouveaux impôts; les Parisiens se révol-

---

[1] Velly, Hist. de Fr.

XIVᵉ SIÈCLE.

Lith. par Arnout d'ap. C. Perini.   Imp. chez Kaeppelin et Cⁱᵉ

Publié par Langlois   HÔTEL DE VILLE.

tèrent. C'est dans ce temps (1380) que furent pillés, à Compiègne, les bureaux où l'on recevait les tributs publics. On appela cette insurrection la révolte des Maillotins. Cette sédition ayant été apaisée, le duc d'Anjou n'entra pas sur-le-champ à Paris; il assembla les états-généraux à Compiègne. Le roi, qui venait d'atteindre sa quatorzième année, les présida. On leur demanda des subsides qu'ils ne purent accorder. Les habitants de Paris payèrent cent mille livres, prix de l'amnistie qui fut publiée en leur faveur. Le roi rentra dans Paris, et le duc d'Anjou, après avoir prélevé sa part dans cette contribution, alla en Italie dans le dessein de s'emparer du trône de Naples.

C'est au règne de Charles VI que l'on fixe l'époque de la construction de l'Hôtel-de-Ville.

Après quelques années d'un règne illustré par la bataille de Rosbec, gagnée sur les Flamands, le malheureux Charles VI tomba en démence. Ses oncles profitèrent de cette circonstance pour reprendre le cours de leurs déprédations. On ne voit plus alors que haine, que jalousie entre tous ceux qui tiennent le timon de l'état. Le duc d'Orléans, frère du roi, est exclu du gouvernement. Isabeau de Bavière, femme de Charles VI, veut lui rendre le pouvoir : le malheureux Charles VI, dans ses courts instants de lucidité, est exploité par ceux qui l'entourent. Un prince du sang fait révoquer l'ordre qu'un autre obtient, ou que quelques honnêtes gens parviennent à lui faire signer. Mais cette lutte de famille, tantôt sourde, tantôt publique, entre les oncles du roi et son frère, se déplace par la mort des deux premiers, et va avoir lieu entre les fils du duc de Bourgogne et le duc d'Orléans, c'est-à-dire entre des cousins. Ce sont de jeunes hommes,.... les passions sont plus vives; les crimes seront plus atroces. Le peuple, continuellement écrasé d'impôts, investit de sa confiance le fils du duc de Bourgogne, Jean-sans-Peur, qui, faisant partie du conseil, se montra l'ennemi des impôts. Dès ce moment une scission éclate ; Jean-sans-Peur possède l'amour des Parisiens ; il gouverne la France. Le duc d'Orléans et Isabeau de Bavière, exécrés par le peuple, s'éloignent de la capitale. Une réconciliation a lieu ; mais d'autres circonstances, que nous passerons sous silence, viennent rallumer leur haine. Enfin cette profonde inimitié finit par le meurtre de l'un des deux adversaires : Jean-sans-Peur fait assassiner le duc d'Orléans (1407). La veuve et les fils de ce dernier demandèrent en vain justice; nul châtiment humain ne pouvait atteindre ce grand coupable. On procéda néanmoins à une réconciliation; les fils de la victime, après une soumission publique faite par Jean-sans-Peur, lui pardonnèrent. On jura de nouveau la paix sur un missel; mais cette vaine cérémonie, qui annonçait toutefois que le meurtrier s'humiliait devant l'opinion publique, et que tout sentiment humain et religieux n'était pas éteint dans les âmes, ne fit que reculer le moment où éclata la guerre civile entre les Armagnacs et les Bourguignons.

L'ambition du duc de Bourgogne était trop patente; elle excita les princes à se coaliser de nouveau contre lui. Les deux partis employaient alors des armées formées d'un ramas d'hommes de tous les pays. Anglais, Bourguignons, Brabançons, Allemands, tout cela dévorait la France. Le comte d'Armagnac, qui tenait le parti des princes, s'avançait de son côté à la tête de bandes de Gascons. La férocité de ce chef n'était égalée, dans le parti des Bourguignons, que par celle du comte de Luxembourg. Les Parisiens étaient pour le duc de Bourgogne. Leurs corporations, à la voix de Luxembourg, s'organisent en compagnies, et se chargent de la garde de leur ville. Celle des bouchers se livra à des exécutions sanglantes. Les Armagnacs exerçaient, par représailles, mille cruautés dans les campagnes. Leurs excès furent tels que la cause légitime qu'ils défendaient devint mauvaise, et que le conseil du Roi invoqua contre eux l'appui de Jean-sans-Peur lui-même[1]. Il entre dans Paris, chasse les Armagnacs de toutes les positions qu'ils y occupaient encore ; mais au lieu de frapper un coup décisif, il continue ses excursions dans les pays relevant de la cou-

---

[1] Le Monde hist.

ronne et dans le Valois ; il venait d'échouer devant Pierrefonds, commandé par Bosquiaux. La forteresse de Pierrefonds, nouvellement construite, n'avait donc pas tardé à être mise à l'épreuve (1414). Compiègne fut du nombre des villes dont il s'empara. Il y plaça un capitaine bourguignon d'un grand courage, nommé Lannoy.

Bientôt les Armagnacs, pour relever leur parti, se liguent avec le monarque anglais. Des alliances de familles furent contractées[1]. Charles VI, qui dans ce moment jouissait de sa raison, et qui devait voir dans le duc de Bourgogne moins un auxiliaire qu'un rival dangereux, vint mettre le siége en personne devant Compiègne (1414). Le duc de Guienne, alors dauphin, l'accompagnait

C'est dans ce siége que le faubourg Saint-Germain fut brûlé, ainsi que l'église. Quoique l'art des siéges ne fût pas avancé[2], et que l'artillerie

---

[1] Le Monde hist.

[2] C'est à ce siége que, pour la première fois en France, on se ser-

fût à cette époque bien loin de la perfection à laquelle cette arme est parvenue depuis, l'attaque fut conduite avec tant d'habileté, que le capitaine rendit la place et signa une capitulation[1]. Il sortit de Compiègne avec tous les honneurs de la guerre, et suivi de la garnison emportant avec elle tout le butin qu'elle avait fait dans les provinces voisines pendant quatre mois d'occupation. Charles VI fit occuper par ses troupes la ville qu'il garda pendant trois ans. C'est dans cet intervalle que Charles de Flavy, son gouverneur, sortit à la tête de ses combattants, et alla surprendre la ville de Roye, occupée par les Bourguignons.

Une paix plâtrée vint de nouveau suspendre les horreurs de la guerre civile. Mais le triomphe d'un parti froisse toujours quelques intérêts nés soit dans le parti opposé, soit dans son propre

---

vit de canons : ils étaient en tôle pliée, et cerclés de fer, et étaient évasés depuis la culasse jusques à la bouche ; ce qui leur donnait une forme conique. (Villaret.)

[1] Compiègne et ses environs.

sein. Ceux de ses principaux chefs qui se retirent satisfaits des arrangements qu'ils ont conclus, laissent derrière eux les mécontents qui ont suivi leur fortune : la stabilité de leur transaction est sans cesse menacée par des intérêts subordonnés; de là, de nouvelles difficultés; de là, ces convulsions sans fin, cortége habituel d'un gouvernement qui une fois s'est jeté hors de ses voies. Le duc de Bourgogne reprit ses premiers projets. Il avait évidemment en vue de se placer sur le trône; mais il lui fallait surmonter bien des difficultés encore. Sur son chemin se rencontraient le duc d'Orléans, son neveu, et le duc de Guienne, dont il était le beau-père. Ses nouveaux efforts ne lui réussirent pas mieux que les premiers : il fut encore réduit à l'impuissance : dans cette circonstance, d'un compétiteur dangereux le parti du Dauphin aurait pu se faire un appui solide. On le mécontenta; et, lors de l'invasion de Henri V, roi d'Angleterre (1415), le duc de Bourgogne resta neutre[1]. C'est à la suite de cette invasion, qui faillit

---

[1] Le Monde hist.

devenir funeste à l'agresseur, que nous perdîmes la bataille d'Azincourt, lorsque l'ennemi, traqué de toutes parts, était en pleine retraite. Sur ces entrefaites, mourut le duc de Guienne. Le nouveau Dauphin fut Jean de Touraine, qui mourut bientôt après à Compiègne (1416). Le titre de Dauphin fut donné à Charles, cinquième fils du Roi, depuis, Charles VII.

Les acteurs de ce drame, décimés par la mort, sont maintenant réduits au nombre de deux, le comte d'Armagnac, déclaré connétable, et Jean de Bourgogne. Bientôt les rôles changent; le comte d'Armagnac veut gouverner pour lui seul. Il pille le trésor, s'empare des pierres précieuses de la reine Isabeau qu'il fait emprisonner, prive les habitants de Paris de leurs priviléges, et en envoie un grand nombre à l'échafaud[1]. Enfin ses excès et ses brigandages amènent sa chûte. L'ancien attachement pour le duc de Bourgogne se réveille. Il se présente comme le libérateur de la

---

[1] Le Monde hist.

France ; il brise les fers de la reine. Celle-ci, déclarée anciennement régente, prend les rênes du gouvernement, et s'associe le duc de Bourgogne. Il s'empare bientôt de la capitale par le moyen d'intelligences secrètes qu'il y entretenait avec Périnet Leclerc (1417). Ce jeune homme avait souffert d'horribles traitements de la part des gens du comte d'Armagnac ; ce fut pour les Parisiens le signal de nouvelles vengeances. Ils se rassemblent; les partisans des Armagnacs sont tous voués à la mort : on tue dans les rues, on tue dans les prisons. Ce sont les mêmes scènes qu'au 2 septembre (1418); on estime à plus de trois mille le nombre des Armagnacs mis à mort. En cette circonstance, le duc de Bourgogne ne sut pas profiter de la fortune. Il n'y avait plus en réalité de gouvernement. Alors Henri V revint se jeter sur sa proie. Maître de la Normandie et possesseur de beaucoup de places fortes, il n'avait plus qu'à se montrer.

Certes, le seul moyen qui s'offrait alors pour s'opposer à sa marche victorieuse, c'était d'opérer une réconciliation entre les Armagnacs et les Bourguignons. Une entrevue fut ménagée entre le fils de Charles VI et le duc de Bourgogne. La paix allait en être le résultat; mais la haine profonde que les Armagnacs portaient à ce dernier, la crainte de ne plus rien être dans le gouvernement, fit avorter les fruits qu'on en devait attendre. Dans la seconde entrevue, qui eut lieu au pont de Montereau, Jean-sans-Peur est assassiné par Tanneguy Duchatel, en présence du Dauphin (1419).

Isabeau de Bavière indignée conçut alors le projet de ravir la couronne à son fils [1]. Les haines des partis étaient si vives, si brûlantes, que pour obtenir la paix on ne trouva d'autres moyens que de donner le trône à Henri V. Paris, les états généraux, les grands du royaume attachèrent leur nom à ce traité honteux (1420), que l'on connaît sous le nom de traité de Troyes. Les Bourguignons, commandés par Hector de Sauveuse, n'avaient pas attendu sa conclusion pour attaquer Compiègne, qui se rendit à eux (1418). Les bourgeois de la

---

[1] Le Monde hist.

ville, la garnison elle-même, avaient dû mettre de l'hésitation et de la froideur dans leurs moyens de défense. On ne savait à qui obéir. Point de chef du gouvernement unanimement reconnu, mais des rivaux qui s'en disputent les rênes. Le duc de Bourgogne venait d'entrer dans la capitale ; il exerçait nominalement le pouvoir avec la régente de France, qui l'avait associé à ses fonctions ; c'était donc à lui que l'on devait obéir. Charles VII et le connétable d'Armagnac avaient dans ce temps commis Nicolas Bosquiaux à la garde des forteresses du Valois. A ce titre, Bosquiaux commandait dans Pierrefonds, et avait le gouvernement des tours de Courtieux, de Viviers et d'Ambleny. C'était un des vaillants hommes de l'époque. Il résolut de reprendre la ville aux Bourguignons (même année). N'ayant pas assez de forces pour en faire le siége en règle, il employa le stratagème suivant : Ayant été informé de l'absence de la garnison qui était sortie pour aller fourrager, il s'embusqua dans la forêt avec 500 hommes d'armes. Un voiturier étant venu à passer, il l'arrête et s'informe de l'heure à laquelle le factionnaire devait le faire entrer dans la ville. Il donne la conduite de sa voiture à l'un de ses soldats déguisé en paysan, et la fait suivre à distance par quelques autres revêtus du même costume. Au moment où la voiture passe sur le pont-levis, le conducteur tue son limonier; maîtres du pont, les soldats se jettent sur la sentinelle qu'ils égorgent. Le concierge de la porte étant averti, veut répandre l'alarme, il est également égorgé. Pendant ce temps, Bosquiaux, qui avait suivi la voiture de loin, atteint la porte de la ville; il y pénètre avec sa troupe, se dirige vers la tour de Saint-Corneille, où s'était retiré le lieutenant du gouverneur prêt à se défendre. Sommé de se rendre, et abandonné des habitants, cet officier fut fait prisonnier avec tous les Bourguignons qui étaient restés dans la ville. Le sire de Gamache prit alors le commandement de Compiègne pour le roi. Quant à Bosquiaux, il s'en retourna à Pierrefonds avec ses prisonniers, au nombre desquels se trouvaient Chièvres et de Crèvecœur.

Après l'assassinat du duc de Bourgogne, crime qui, dans ces circonstances, affaiblit considérablement la cause de Charles VII par l'indignation publique qu'il accumula sur les Armagnacs, les villes que possédait le Dauphin dans le Valois lui demeurèrent cependant fidèles. D'autres villes de la Normandie, des bords de l'Oise, du Beauvaisis, du Sancerre et du Vermandois étaient au pouvoir de Charles VI. Le roi d'Angleterre, Henri V, ayant été associé à son gouvernement en qualité de régent, tous deux paraissaient conjurer la perte de la France en portant la dévastation dans les provinces occupées par le dauphin. C'est ainsi qu'au commencement de 1420 des détachements d'Anglais et de Français, sous la conduite de Saint-Léger, qui commandait à Creil, allèrent dévaster la Brie, où ils brûlèrent ce qui avait échappé aux courses des ennemis les années précédentes.

Les villes et les contrées du Valois restées fidèles à Charles VII pouvaient contribuer à relever son parti. L'Orléannais donnait la main au Valaisien. Les garnisons du Valois firent même des expéditions *extrà muros*, sous le commandement du capitaine Bosquiaux. S'informer des courses des Français,

Anglais et Bourguignons, tomber sur eux à l'improviste, tel était le système de guerre suivi par le capitaine. Prévenu à temps de la route que devaient suivre les Anglais au retour de la Brie, sachant en outre qu'ils devaient ruiner les villages, les fermes et les lieux voisins de Senlis et de Montespilloy, il se transporta près de ce dernier lieu ; puis, aidé du sire de Gamache, qui marchait à la tête d'une partie de la garnison de Compiègne, de Robert d'Evreux, gouverneur de Senlis pour le dauphin, il se plaça en embuscade, et ayant défait les ennemis, leur fit des prisonniers, et leur enleva le butin que, dans leur fuite vers le château de Creil, ils abandonnèrent en partie. Dans la même année les garnisons du Valois prirent La Neuville-Roi, ainsi que d'autres bourgades, et levèrent des contributions en grains et en argent dans la campagne. Mais vains efforts : le dauphin semblait abandonner sa propre cause : rien ne pouvait l'arracher à son indolence[1]. Toutes les villes qui tenaient son parti dans le Valois tombaient tour à tour au pouvoir

---

[1] Le Monde hist.

du roi d'Angleterre. De retour de la capitale, où il avait été chercher des hommes et de l'argent, il s'empara de Saint-Riquier, que la valeur de d'Offémont ne parvint pas à sauver, et successivement de Pierrefonds, de Crépy, de Meaux : d'autres villes, autant par la force des armes que par les insinuations de la politique, se rangèrent sous les drapeaux de l'étranger ; le courageux Bosquiaux capitula : il se retira au château de Choisy près Compiègne. Montespilloy, Béthisy, Chavercy, Saintines se rendirent ; Compiègne enfin, où commandait le sire de Gamache, ouvrit aussi ses portes, après avoir obtenu un délai dans l'espoir de l'arrivée de quelques secours du dauphin.

Voici, selon ce que l'histoire rapporte, le singulier moyen qu'employa le roi d'Angleterre pour s'en rendre maître. La ville de Meaux était alors entre les mains des Anglais ; Henri V qui y séjournait déclara à un sieur de Saint-Faron, alors abbé dans cette ville, que si le gouverneur de Compiègne, le sire de Gamache, son frère, ne se rendait pas, il le ferait mourir lui, l'abbé, comme il avait fait mourir Vauvru[1]. L'abbé sollicita son frère de lui sauver la vie, et eut le crédit de lui persuader de rendre la place[2].

Malgré tout ce qu'une semblable transaction peut avoir de coupable, l'extrême confusion qui régnait alors dans l'état, si elle ne la justifie pas, l'explique néanmoins. On l'a vu, les états généraux, les grands du royaume avaient reconnu Henri V; que pouvait donc faire Compiègne devant leur autorité? Plus tard, quand Charles VII se montra vraiment roi en reconquérant son trône, Saint-Faron, devenu abbé de Saint-

---

[1] Vauvru était un gentilhomme d'un grand courage qui avait été attaché au comte d'Armagnac, connétable de France; pour venger la mort de son maître, qui avait été tué dans les troubles de Paris, il faisait sans cesse des courses jusqu'aux portes de cette ville. Il faisait pendre ce qu'il pouvait prendre de Parisiens à un arbre qui se trouvait sur le grand chemin, assez près de la ville. Les soldats du roi d'Angleterre l'ayant pris à son tour, ce prince ordonna qu'on le pendit au même arbre.

[2] Juvénal des Ursins.

Corneille, répara sa faiblesse en défendant vaillamment Compiègne contre les Anglais qui n'y purent plus rentrer.

En 1423, le roi Charles VII surprit Compiègne aidé de Vignolles, nommé communément le capitaine Lahire. Mais Jean de Luxembourg le reprit pour le duc de Bourgogne et pour le roi d'Angleterre qui le garda jusqu'en 1429. Les Anglais, dans le même temps, s'établirent dans le Beauvaisis. Ils occupèrent Senlis, Rivecourt, Creil, et autres lieux.

Henri V d'Angleterre, et Charles VI, roi de France, étant morts, le duc de Bedfort eut la régence du royaume pendant la minorité de Henri VI (1422). Bosquiaux attendait les événements à Choisy-au-Bac. Mais le régent, qu'effrayait la réputation que s'était acquise ce capitaine, et qui voulait priver Charles VII de l'appui d'un général habile, fit attaquer Choisy par une armée considérable. Malgré sa bravoure et la résistance la plus héroïque, Bosquiaux fut pris les armes à la main, accablé par le nombre plutôt que vaincu. Conduit à Paris, il fut condamné à mort et décapité; exécution atroce et digne de ces temps barbares, où les guerres civiles semblaient avoir effacé dans le cœur des hommes toute idée de justice.

Il ne resta bientôt plus à Charles VII que les provinces au-delà de la Loire. Le roi de France n'est plus en ce moment que le petit roi de Bourges [1]. Cependant l'occupation du trône de France par les Anglais, due aux malheurs du temps, aux violences des partis, avait fini par ranimer l'esprit national; des intérêts passagers, l'espoir d'un meilleur avenir peuvent égarer un instant l'esprit public d'une nation; mais sous la constitution monarchique de la France, l'opinion devait revenir tôt ou tard à Charles VII. D'ailleurs le souvenir des crimes de la faction des Armagnacs, qu'avaient égalés les excès de la faction contraire, commençait à s'effacer. Beaucoup de

---

[1] Le Monde hist.

villes restaient secrètement attachées au parti du roi. De ce nombre était Compiègne. Enfin une suite de circonstances, toutes plus ou moins heureuses, relevèrent les espérances du parti royaliste. Des capitaines habiles remplacèrent peu à peu ceux que la guerre avait dévorés. La mort de Charles VI rangea à la cause de son fils tous ceux qu'un vieux dévouement avait enchaînés à la fortune de ce roi malheureux. L'heure de la délivrance allait enfin sonner. Les Xaintrailles, les Lahire, les Dunois allaient mettre dans la balance pour le succès de la cause royale, le tribut de leur valeur. Cependant ce n'était point assez ; car qu'aurait pu faire le courage personnel isolé au milieu du découragement des soldats? Il fallait retremper le moral de l'armée, et faire rentrer la confiance dans ses rangs énervés. Ce fut à une jeune fille qu'échut cette noble mission. Simple paysanne des environs de Vaucouleurs, en Lorraine, Jeanne d'Arc qu'animent le plus pur patriotisme et la foi la plus vive, sauvera la France.

Son début dans la carrière qu'elle s'est ouverte est une victoire, qui confirme aux yeux de l'armée la mission qui lui est imposée. Elle fait lever le siége d'Orléans, où deux mille Anglais restèrent sur la place. Puis, à travers mille dangers qu'elle surmonte, elle conduit le roi à Reims, où il est sacré (juillet 1429). Il était beau de voir la jeune fille inspirée, montée sur un cheval noir et couverte d'une armure blanche; à ses côtés pendaient une hache et l'épée de Sainte Catherine, qu'elle avait fait chercher derrière l'autel de Sainte Catherine de Vierbois, où on la trouva en effet; elle portait un étendard blanc fleurdelisé sur lequel était Dieu portant le monde dans la main.

Arrivé dans la métropole du sacre, Charles VII fut oint, par l'archevêque, de l'huile de la Sainte-Ampoule, qu'on apporta de Saint-Remy. Il fut, conformément au rituel antique, soulevé sur son siége par les pairs ecclésiastiques, servi des pairs laïcs et au sacre et au repas.

Au moment où le roi fut sacré, la Pucelle se jeta à ses genoux, lui embrassant les jambes, et pleurant à chaudes larmes. Tout le monde pleurait aussi.

On assure qu'elle lui dit « O gentil Roi, main-
« tenant est fait le bon plaisir de Dieu qui vou-
« lait que je fisse lever le siége d'Orléans, et que
« je vous amenasse en votre cité de Reims rece-
« voir votre saint sacre, montrant que vous êtes
« vrai roi et que vous doit appartenir le royaume
« de France[1] ».

Toujours accompagné de la Pucelle, le roi revint à Crépy. A partir de ce moment, sa marche n'est plus un combat, c'est un triomphe. Les villes qui se trouvaient sur son passage lui ouvrent leurs portes ; c'est la Ferté-Milon, Longueil, Béthisy, Laboissière, Saintines, etc. Reims, témoin de son sacre, sera bientôt informé de ses

[1] Ces détails sont extraits de l'Histoire de France, 5e volume, par M. le professeur Michelet.

succès. Le duc de Bedfort s'avance pour lui livrer bataille, entre Senlis et Crépy. Les deux armées sont en présence, s'appuyant, celle des Anglais sur Senlis, celle du roi sur Crépy. Il a avec lui la Pucelle. L'avis de cette fille, inspirée d'en haut, n'est pas de livrer bataille. En effet, pourquoi abandonner aux hasards d'un combat la certitude du succès de sa cause. Le prestige des premières victoires de Jeanne, celui du sacre du roi n'ont-ils pas déjà ramené tous les cœurs vers lui ? Et la plupart des villes n'attendent-elles pas un moment favorable pour rentrer sous son obéissance ? Il n'y eut qu'un simple engagement où le terrain resta aux deux partis. Les deux armées se retirèrent, celle du duc à Senlis, celle du roi à Crépy. C'est dans ce moment (août 1429) qu'on vint annoncer au roi que la ville de Compiègne voulait lui ouvrir ses portes. En effet, les bourgeois, après avoir établi des intelligences avec les troupes royales, en introduisirent une partie dans leurs murs par une des poternes des fossés. Charles VII fit son entrée à Compiègne au milieu de l'allégresse publique.

Senlis suivit bientôt cet exemple, et les notables de cette ville vinrent à Compiègne reconnaître Charles VII, et lui faire hommage comme à leur légitime souverain. Presque toutes les villes frontières de la Picardie les imitèrent : Pont-Sainte-Maxence, Creil, Beauvais, Choisy, Gournay-sur-Aronde, etc.

Il y eut en 1430 entre la Pucelle et les Anglais une rencontre de peu d'importance à Pont-l'Evêque, après laquelle la Pucelle se retira à Compiègne.

Mais tous ces succès obtenus presque sans coup férir furent bientôt expiés par une catastrophe dont nous allons rendre compte.

Après des revers éprouvés dans le Valois et dans d'autres localités, les Anglais et les Bourguignons se retirèrent sur la rive droite de l'Oise, et se fortifiant de nouveau dans ces cantonnements, cherchèrent à reprendre les villes qu'ils avaient perdues. Après quelques tentatives assez heureuses, qui leur valurent la reprise de Verberie, de Pont-Sainte-Maxence, ils dirigèrent leurs attaques sur Compiègne. Poton de Xaintrailles ayant pris à Crépy quelques renforts, était rentré à Compiègne. Les ennemis, ignorant que les royalistes se tenaient sur leurs gardes, se rassemblent, et se disposent à marcher contre la ville. Ils croyaient pouvoir la surprendre à la faveur de l'état de dégradation dans lequel étaient tombées les fortifications, après les siéges fréquents qu'elle avait soutenus. Mais les habitants ayant remis en bon état de défense leur tête de pont du côté de Margny, les Anglais et les Bourguignons, trop faibles pour l'attaque, attendirent des renforts. Le comte Huntington étant venu les joindre avec mille archers, ils attaquèrent la tête du pont qu'ils réussirent à entamer, sans cependant pouvoir l'emporter. Ils changèrent alors le siége en blocus, et allèrent dévaster le pays. Les Anglais occupaient Venette et Margny, sous les ordres de Montgomery et de Huntington; les Bourguignons, commandés par Jean de Luxembourg, étaient logés à Clairoix. Xaintrailles, profitant de l'absence d'un des chefs commandant le blocus, sortit de Compiègne avec un détachement, afin de favoriser l'entrée dans la ville d'un renfort et d'un convoi de vivres et de munitions qu'escortaient le comte de Vendôme et le maréchal de Boussac.

Informée de son arrivée, Jeanne d'Arc crut qu'une démonstration faite à propos, opérant une diversion, serait favorable à la marche du convoi. Ayant choisi 600 hommes, elle opéra une sortie sur le quartier de Baudon de la Noyelle établi à Margny. Les ennemis, vivement poussés, répandirent l'alarme. Bientôt ils reviennent en grand nombre pour résister à cette attaque subite. Elle eut alors à lutter contre toutes les forces réunies des Anglais et des Bourguignons, sortis de Venette et de Clairoix. Jeanne d'Arc, trop inférieure en nombre, ne voulut pas poursuivre plus loin son expédition, et ordonna la retraite; mais à la vue des Anglais qui se portaient précipitamment vers la tête du pont pour la lui couper, ses soldats se débandèrent, et gagnèrent en désordre la barrière. Quelques-uns se jetèrent tout armés dans l'Oise; le plus grand nombre rentra dans la ville. Au moment où notre héroïne va atteindre à son tour la porte, le gouverneur, soit par trop de précipitation, soit avec une criminelle intention, en fait tout-à-coup abaisser la herse. Jeanne d'Arc, à la vue de cette action, s'écria : « Je suis trahie ! » Réduite à soutenir seule le choc d'une foule d'assaillants, elle se défendit quelque temps encore, et succomba enfin après des prodiges de valeur, et après avoir eu un cheval tué sous elle. Elle se rendit à un gentilhomme picard de l'ancienne bande du duc de Bedfort. La guerre était alors un métier, une spéculation ; on mesurait la rançon sur l'importance de la capture. Chevaliers et grands seigneurs, tous spéculaient sur celle de leurs prisonniers. Ce gentilhomme la vendit à Jean de Luxembourg, qui à son tour la livra aux Anglais, moyennant une somme de dix mille livres, et cinq cents livres de pension. Ainsi, Jeanne d'Arc, après avoir débuté par un fait d'armes de la plus haute importance, avoir conduit le roi au sacre de Reims, termine sa noble carrière, victime, selon toute apparence, d'une infâme trahison, ou d'une négligence inexplicable (1430). Celle que la France se

PORTE DU VIEUX PONT.

Lith. par Arnout d'ap. C.Perint.
Imp. chez Kaeppelin et Cie

Publié par Langlois.

glorifie d'avoir vue naître, dont les actions forment une des plus belles pages de notre histoire, demeure abandonnée aux mains de ses ennemis; elle n'excite pas plus d'intérêt que le dernier soldat de l'armée : ni les seigneurs de France, ni Charles VII, qui lui doit sa couronne, ne font le moindre effort pour traiter de sa rançon. Bientôt ses bourreaux vont assouvir sur elle leur vengeance, vont lui faire expier ses hauts faits comme des crimes : il est de l'intérêt de leur politique de détruire le prestige attaché à son nom. Celle qui se dit inspirée de Dieu sera livrée aux flammes. Ils trouveront dans les mœurs barbares du temps, et dans de lâches ministres de la religion des auxiliaires pour consommer l'affreux sacrifice. On l'accuse de sorcellerie, et après quatre mois de détention à Beaurevoir, après avoir subi de ridicules et captieux interrogatoires, elle est brûlée vive, le 31 mai 1431, sur la place de Rouen, à l'âge de 19 ans. La cour de Rome déclara ce jugement inique. Que n'avait-elle le pouvoir de faire plus encore, celui de soustraire aux flammes celle dont Monstrelet, dans son naïf langage, dit : « Elle était très douce, aimable, moutonne, sans orgueil ne envie, gracieuse, moult serviable, et qui menait bien belle vie. » Si ses contemporains furent ingrats envers elle, la France a su plus tard la venger de leur coupable indifférence. Son nom est cité par elle avec orgueil; son image, ses statues décorent nos places publiques; on montre son épée au trésor de Saint-Denis; la fille des rois a sculpté notre héroïne; enfin, tout récemment encore le gouvernement français, sous le règne de Charles X, récompensa le sieur Desjardins, habitant de Domremy, pour avoir refusé de vendre à un Anglais la maison où Jeanne d'Arc avait reçu le jour.

Néanmoins, quelques historiens ont élevé des doutes sur la mise à exécution du jugement qui la condamna : ce doute est consolant. Il existe une lettre d'un prêtre de l'Oratoire, fameux par son érudition, le père Viguier, dans laquelle il prétend que les Anglais exposèrent aux flammes, en sa place, quelque malheureuse criminelle, pour ne pas jeter la terreur parmi leurs troupes, si elles eussent su en liberté le bras qui les avait mis tant de fois en fuite. Il appuie son opinion sur la découverte faite dans la ville de Metz d'un manuscrit notarié de l'an 1436, dans lequel on rapporte que Jeanne d'Arc s'étant présentée aux sieurs de la ville pour leur parler, elle y rencontra ses deux frères qui la reconnurent. Puis, après lui avoir acheté une monture et des armes, ils l'amenèrent avec eux à Boquelon. Jeanne d'Arc étant ensuite revenue aux environs de Metz, plusieurs de ceux de la ville l'y allèrent voir, et reconnurent qu'en effet c'était celle qui, dans le pays de France, avait mené le roi à Reims; de là, elle alla à Cologne où elle fut accueillie avec honneur; puis à Arlon où elle épousa un chevalier des Armoises; et enfin à Metz où elle revint s'établir avec son époux. Dans le cas où ces détails seraient vrais, ils expliqueraient alors le profond oubli, ou l'indifférence dont elle fut l'objet de la part du roi Charles VII, et des seigneurs de son temps. Car enfin, sans parler de ce qu'il y a de surnaturel dans sa mission, il est impossible que Jeanne d'Arc, en sauvant la monarchie, n'ait pas appelé l'attention sur elle, excité l'intérêt, et réveillé de nobles sympathies ; et quelque oublieux qu'ait pu être Charles VII, le souvenir de ses actes ne pouvait encore être effacé, puisqu'il y avait à peine dix mois d'écoulés depuis leur accomplissement.

Nous revenons au siége de Compiègne. A la nouvelle de la prise de la Pucelle, les Anglais manifestèrent leur joie par des réjouissances extraordinaires : la nouvelle d'une victoire ne leur en eût pas causé davantage; et on peut juger de l'importance qu'ils attachaient à leur prisonnière par les prescriptions du duc de Bedfort lui-même. Elles ordonnaient d'infliger des peines sévères à ceux à qui la peur de la Pucelle feraient abandonner leurs drapeaux. Celle qui tant de fois avait porté la terreur dans les rangs anglais était pour eux tous un objet de curiosité. Mais cette capture n'avança en rien le siége de Compiègne; car ils furent obligés de le lever précipitamment. Les assiégés continuèrent à défendre la place ; les assiégeants poursuivirent leurs attaques avec une ardeur nouvelle, dressèrent des batteries, creusèrent des mines. Autour de Compiègne et près de la forêt, ils avaient élevé trois bastilles; l'une du côté de la porte de Pierrefonds, et les deux autres entre celle-ci et la rivière. Ils avaient en outre un fort sur la rive droite de l'Oise, en aval du pont, et en face du pont une quatrième bastille commandée par Baudon de Noyelle. Les divers détachements, français commandés par les chefs cités plus haut, formaient un corps complet de quatre mille hommes, escortant un convoi de vivres et et de munitions. Son entrée dans Compiègne depuis l'échec de Margny avait souffert beaucoup de difficultés : il était pourtant attendu avec impatience. La ville se trouvait réduite aux dernières extrémités depuis plus de six mois qu'elle était investie. La famine, encore plus pressante que l'ennemi, faisait craindre qu'on ne fût obligé de se rendre. Les renforts étant arrivés à Verberie, ce fut de ce côté que les assiégeants portèrent leur attention. Après avoir assemblé un conseil de guerre, ils résolurent de laisser des forces suffisantes pour défendre les travaux du siége, et de marcher avec le reste des troupes pour combattre les Français. Ils avaient creusé des tranchées sur la route de Verberie à Compiègne. Mais les habitants de Verberie, qui dans cette circonstance payèrent de leurs biens et de leurs personnes, les remblayèrent pendant la nuit, et ayant assemblé une grande quantité d'outils destinés à la réparation des murs de la ville assiégée, ils guidèrent par des chemins détournés les troupes destinées au ravitaillement de Compiègne, jusques à la vue de la place : là, s'étant mis en bataille, les royalistes attendirent le combat de pied ferme. Tandis que les deux armées s'observaient en silence, divers détachements français ayant fait un circuit entraient dans la ville par la porte opposée. Aussitôt ces détachements, auxquels se joignit une partie de la garnison sous la conduite de Flavy, vinrent attaquer une bastille que défendait Bruimeux, maréchal de Bourgogne, et le seigneur de Créquy. Les assaillants deux fois repoussés, mais ranimés par Xaintrailles et soutenus ensuite par les habitants de la ville, hommes et femmes, qui accouraient partager le péril, étant revenus une troisième fois à la charge, emportèrent ce poste. Luxembourg fut instruit de ce revers sans pouvoir le prévenir ni le réparer. Ce premier succès ouvrit enfin l'accès de Compiègne aux troupes françaises, qui y firent leur entrée à la vue de l'ennemi. Maîtresses de l'Oise, les troupes construisirent à la hâte un pont de bateaux, et s'emparèrent du fort situé sur la rive droite de cette rivière. Les ennemis effrayés abandonnèrent leurs bastilles, en sorte qu'il ne leur resta plus que la quatrième, construite en face du pont. Enfin ses pertes successives et la désertion qui se mit dans les rangs de son armée, déterminèrent Luxembourg à se retirer précipitamment. A peine prit-il le temps d'envoyer l'ordre à Baudon de Noyelle de mettre le feu à la quatrième bastille. Les ennemis abandonnèrent avec tant de désordre les différents postes qu'ils occupaient, qu'ils ne purent emporter qu'une partie de leurs bagages. Le reste devint la proie du vainqueur, ainsi que les vivres, les munitions et l'artillerie[1]. Nous n'oublierons

[1] Villaret, hist. de Fr.

pas de dire, pour être justes, que l'abbé de Saint-Faron défendit contre les Anglais cette même place qu'il leur avait fait livrer par son frère (1421); on le vit à toutes les attaques partager avec les assiégés le péril et la gloire de la défense.

Cependant le pays ne fut pas entièrement purgé de la présence des Anglais et des Bourguignons. Alors la guerre ne se faisait pas sur une grande échelle. Tout se bornait à des rencontres et à des escarmouches. Un succès partiel sur un point était balancé le lendemain par un revers. Point d'unité dans le commandement. D'ailleurs, quelques seigneurs du Valois même avaient aussi suivi le parti de l'étranger. Ce dernier occupa encore le pays avec des succès divers pendant cinq ans. Au bout de ce terme, l'an 1437 environ, les ministres du roi d'Angleterre ayant aliéné par leur conduite hautaine et le duc de Bourgogne et ceux qui avaient invoqué leur présence, ces derniers se détachèrent de la cause de l'étranger. Cette scission survenue dans un parti qui jusqu'alors avait été l'ennemi de Charles VII, facilita à ce prince son entrée dans la capitale ; elle se fit sept ans après qu'il eut reconquis par les armes une partie des villes de la Picardie et du Valois. Le duc d'Orléans, de retour d'Angleterre, où il était prisonnier depuis dix-neuf ans, fut pour le Valois le signal d'une nouvelle ère. Il avait été pris à la bataille d'Azincourt, et la cause de sa longue captivité vient de ce que Henri V avait ordonné de ne rendre la liberté à ce prince que lorsque Henri VI aurait atteint sa majorité. Il se réconcilia avec Philippe-le-Bon, duc de Bourgogne, qui paya une partie de sa rançon. Tous deux vouèrent à l'oubli le souvenir des querelles de leurs familles. Le meurtre du père du duc d'Orléans avait été expié au pont de Montereau : le sang avait payé le sang ; les mânes de la victime ne devaient plus crier vengeance. Enfin, d'anciens ressentiments ayant fait place à de nouveaux intérêts, leur réconciliation fut scellée par le mariage de la nièce du duc de Bourgogne avec le duc d'Orléans. En 1451, les rois d'Angleterre ne possédaient plus en France que Calais et Guines.

Sous le règne de Louis XI (1465), le maréchal de Gamache et le comte de Nevers, à la tête de 4,000 hommes, après avoir manœuvré sur les flancs de l'armée bourguignonne, se retirèrent à Compiègne. Les rôles étaient changés. Il ne s'agissait plus pour les Bourguignons de guerroyer pour assurer à leur duc le trône ou une participation au pouvoir : ils venaient, soldats de la ligue du bien public, venger la cause des princes que la politique et l'ambition légitime de Louis XI avaient réduits à la condition de sujets. Ce monarque voulait être le maître chez lui ; il voyait l'avenir ; il sentait qu'il n'y aurait ni repos ni bonheur pour la France, qu'avec une autorité publique forte et respectée.

Le dévot Louis XI aimait beaucoup le séjour de Compiègne. A son retour de Liége, il vint dans cette ville. Pendant l'un des nombreux voyages qu'il y fit, ayant appris la mort du duc de Bourgogne, son constant et généreux rival, au moment où il entrait dans Compiègne par la porte de Pierrefonds, il fit construire auprès une chapelle appelée Notre-Dame-de-Bonne-Nouvelle. Ce fut dans le même temps qu'il reçut les députés de différentes villes et places occupées précédemment par le duc de Bourgogne[1]. On tient par tradition que c'est ce roi qui fit couvrir d'ardoises l'église de Saint-Jacques (1476).

Louis XII, après avoir été sacré à Reims le 27 mai 1498, vint passer le mois de juin à Compiègne, ainsi qu'il résulte d'une charte du même mois datée de cette ville.

François I*er*, dans sa lettre d'Abbeville (1551), montre son affection pour les habitants de Compiègne. Il rencontrait dans cette ville, pour l'y recevoir, le prince Louis, cardinal de Bourbon, abbé de Saint-Corneille, dont la mort laissa imparfait le beau portail qu'il avait fait commencer. En l'année 1516, ce prince, suivi de plusieurs prélats, fit en présence du roi l'ouverture de la châsse du saint Suaire, qui n'avait pas été vu depuis Philippe I*er*, en 1092. C'est aussi dans l'église de Compiègne, que le 29 novembre 1527,

[1] Chartier.

François Ier créa des chevaliers de l'ordre de Saint-Michel.

A son passage en France, Charles-Quint fut conduit à Compiègne par François Ier; l'empereur, frappé de l'accueil qu'il y reçut, en témoigna sa reconnaissance dans les termes les plus flatteurs pour les habitants.

Charles IX célébra son mariage avec Elisabeth d'Autriche, à Compiègne.

Nous touchons à cette époque où Compiègne, après avoir pris part et assisté aux guerres civiles produites par les querelles des Armagnacs et des Bourguignons, va encore devenir le théâtre d'une partie des guerres de religion qui déchirèrent la France sur la fin du XVIe siècle.

En 1558, cette ville dut craindre d'être assiégée, et faire des préparatifs de défense contre les impériaux et les Espagnols, qui venaient de s'emparer de Noyon. C'était après la bataille de Saint-

Quentin, à une époque où Philippe, fils de Charles-Quint tentait, mais vainement, de réaliser le rêve de son père.

L'échec de Saint-Quentin fut réparé par le duc de Guise. Ce fut à Compiègne qu'il rassembla une armée de vingt-cinq mille hommes et un train d'artillerie considérable, qui, au mois de janvier de la même année, reprirent sous ses ordres la ville de Calais, restée au pouvoir des Anglais depuis Edouard III.

Le culte protestant, introduit en Allemagne par Luther, avait pénétré dans presque toute la France. Une conviction sincère et des intérêts de famille y attachaient déjà, sous le gouvernement de Catherine de Médicis, beaucoup de seigneurs et de princes du sang. Le clergé cherchait à le détruire : peut-être était-il d'une sage politique de le tolérer. Les réformés avaient acquis au XVI° siècle tant de puissance, que des édits leur accordaient, avec quelque restriction, le libre exercice de leur culte ; mais ce contact habituel des religionnaires et des catholiques, l'exercice toléré de leur religion devait, au milieu d'une population qui leur était hostile, amener sans cesse des troubles. Le duc de Guise, qui nourrissait l'espoir de placer sa maison sur le trône, à l'exclusion des Bourbons, était à la tête du parti catholique. Philippe II, roi d'Espagne, semblait être le protecteur né de l'ancienne religion; ainsi, entre ces deux sectes, c'était une guerre à mort. Deux religions peuvent vivre ensemble avec l'exercice séparé de leur culte, quand des intérêts qui leur sont étrangers ne s'en servent pas comme d'un instrument. Lorsque la maison de Lorraine se fut placée à la tête du catholicisme en France, dès-lors on dut s'attendre à la guerre civile; car ce n'était plus pour elle une question de religion, mais une question de puissance.

Cette guerre sourde entre les deux partis dura longtemps avec des succès divers; commencée sous François Ier, elle ne finit que sous Henri IV. Les provinces et les villes de France suivaient dans cette lutte l'un ou l'autre des deux drapeaux, selon qu'elles y étaient portées par leurs tendances et leur position. Mais si l'on ne savait que ces tendances diverses dépendent autant du hasard que des dispositions particulières des habitants, on pourrait signaler ici une sorte de contradiction. En effet, Compiègne, ville éminemment catholique, puisqu'elle n'était, pour ainsi dire, composée que d'établissements religieux, était cependant opposée à la ligue instituée pour la défense de l'Eglise ; mais cette ville avait compris que la religion n'était pour les Guises que le prétexte dont ils se servaient pour colorer leur ambition. Compiègne resta donc ce qu'elle avait toujours été, ville royaliste.

C'est sous le règne de Charles IX, qu'en 1558, furent instituées les juridictions consulaires : on en établit une à Compiègne; c'est la seconde ville après Paris qui ait été dotée de cette institution. L'association de la ligue était dans toute sa ferveur : la Saint-Barthélemy en fut le résultat. Ce fut à la lueur des torches qui éclairèrent cette sanglante catastrophe que fut célébrée, pour ainsi dire, l'union de Henri IV et de Marie de Médicis.

En 1575, Henri III rétablit l'hôtel des monnaies supprimé jadis par Louis-le-Gros. Ce prince fit agiter en son conseil, à Compiègne, la question de savoir si on ne devait pas ériger en commanderies séculières toutes les abbayes pour les donner, soit aux officiers de la cour, soit à des laïques. Il n'était point alors fugitif loin de sa capitale; il n'en était pas réduit encore à se défendre contre la maison de Guise.

Henri III, roi catholique, est l'objet de la haine de ses co-religionnaires. Après le meurtre du duc de Guise, et du cardinal de Lorraine qu'il fit assassiner aux états de Blois, il est forcé de se réfugier sous les drapeaux de son beau-frère. Ce dernier, chef du parti protestant, est aujourd'hui le protecteur du roi de France. Ils vont marcher tous deux à la conquête de la capitale; Henri IV va rendre la couronne à Henri III. Trois principes étaient en présence, le catholicisme, le protestantisme, et l'hérédité au trône ; ce dernier prévalut. Ce ne fut néanmoins qu'après que celui qui le représentait, tel populaire qu'il ait été par ses victoires, faisant une concession à l'opinion publique, eût prononcé son abjuration. Le catholicisme était alors pour le peuple ce qu'est aujourd'hui la liberté. Mais à peine les deux rois sont-ils réunis, à peine procèdent-ils aux apprêts du siége, que Henri III est assassiné à Saint-Cloud par un moine. Cet événement force Henri IV à en abandonner les travaux ; il quitte son quartier-général de Saint-Cloud, et conduit les restes de son prédécesseur à Compiègne (1589). Ils reposèrent dans l'église Saint-Corneille jusqu'en 1610.

C'est vers cette époque que les habitants de cette ville, sous le commandement de Charles d'Humières, s'unirent à l'armée royale pour délivrer Senlis qu'assiégeaient les ligueurs.

Henri IV ayant, en 1590, mis le siége devant Paris, y trouva une résistance héroïque, accrue encore par le fanatisme des habitants. Cette ville, réduite à la dernière extrémité, est sauvée par le vainqueur lui-même. Mais, victime de sa générosité, Henri, ayant été obligé de nouveau de lever le siége, fit refluer dans presque toutes les villes que l'Oise arrose une partie de ses troupes. Compiègne dut être une des villes qui recueillit avec le plus d'empressement les différents corps de son armée.

Ce fut vers ce temps que Noyon tomba en son pouvoir, malgré le secours que cette ville reçut de Rieux, commandant à Pierrefonds pour la ligue. Alors, comme à l'époque des guerres civiles des Armagnacs et des Bourguignons, les villes du Valois avaient arboré les drapeaux opposés des deux partis qui se disputaient la France. Si Senlis tenait pour le parti royaliste, Pierrefonds suivait celui de la ligue. Avant de prononcer son abjuration, Henri, continuant la guerre, cherchait à s'emparer des forteresses qui étaient entre les mains des ligueurs. Il envoya le duc d'Epernon mettre le siége devant Pierrefonds, où commandait alors Rieux. Cet homme, sorti des rangs du peuple, s'était élevé à ce poste par ses qualités guerrières. D'abord, il avait exercé un emploi obscur dans les vivres. Ayant amassé un petit pécule, il put, en offrant ses services à la ligue, suivre son inclination pour la profession des armes. Autour de son drapeau vint se rallier cette foule d'hommes, produit des guerres civiles, pour qui le travail était un fardeau, et que séduisait l'espérance du butin. Il en forma une petite armée. On reproche à Rieux ses excès et ses brigandages. Mais, on le sait, tous les chefs militaires de cette époque n'agissaient pas autrement. Ne recevant la plupart du temps ni solde ni vivres, il fallait bien qu'ils s'en procurassent. Dans ces temps de désastres, c'étaient les marchands, les gens de la campagne, les laboureurs, qui, continuels témoins des malheurs de la guerre, en supportaient presque seuls tous les frais. Et il faut convenir que la Providence a veillé à la conservation de notre pays, quand on pense qu'il a pu échapper à cette longue suite de calamités de tout genre, qui l'ont accablé pendant un si long espace de temps. Les forteresses n'étaient la plupart que des repaires, dont les garnisons, composées de séditieux et de gens sans aveu s'attachaient, dans l'espoir du pillage, indifférem ment à un parti ou à un autre. On les voya sortir par essaims des murs qui les renfermaien et exercer dans les campagnes des violences et de excès inouïs. Rieux était à Pierrefonds lieutenan de Saint-Chamand, qui commandait à la Ferté Milon. En un mot, ce malheureux faisait comm les autres; il ne lui aurait fallu qu'un blason pou couvrir ses brigandages. On ne saurait trop le ré péter, tous ces excès, toutes ces violences doiven être attribués moins aux individus qu'à l'état d la société, et aux guerres civiles qui avaient dé moralisé toutes les classes.

Le duc d'Epernon, qui déjà avait été forcé d lever le siége de la Ferté-Milon, ne se montra pa plus heureux devant le château de Pierrefonds. L duc de Biron, qui le remplaça en 1592, ne réussi pas davantage à s'emparer de cette forteresse Voilà donc un brigand qui tient tête à deux de meilleurs généraux de Henri IV. Bref, Rieux en couragé par ses succès, veut en recueillir d'autre encore : il porte l'ambition jusqu'à vouloir s'emparer de la personne du roi même. Le duc d'Aumale, second chef de la ligue, s'associe à son entreprise. Sachant que Henri IV était à Compiègne chez sa maîtresse, la marquise de Beaufort, c'est à son retour qu'il veut l'enlever. Il se poste en embuscade avec le duc et 500 chevaux sur le chemin que ce prince doit suivre. Mais Henri, prévenu à propos, eut le temps de s'échapper. On voit encore à Compiègne, sur la place du Change, la maison qu'habitait la marquise de Beaufort, et où descendait Henri IV quand il venait la visiter. Enfin, un détachement de la garnison de Compiègne s'empara plus tard de la personne de Rieux, au moment où il était sorti de Pierrefonds avec une partie de ses gens. Conduit prisonnier dans cette ville, il y fut jugé et exécuté. Les historiens ne s'accordent pas sur la véritable cause de sa condamnation. Les uns disent qu'il fut pendu à cause de ses crimes; les autres prétendent qu'ayant, à l'époque où Henri assiégeait Noyon, simulé de se soumettre à son obéissance, il avait profité de la sécurité du roi pour faire entrer un secours dans cette ville, qui,

par ce moyen, opposa une plus longue résistance
S'il en est ainsi, cela change la question. Malgré l
perfidie dont cet acte est entaché, il pourrait encore se justifier, en le jugeant au point de vue re
ligieux. Aux yeux de Rieux, ligueur fanatique
Henri ne devait être qu'un fauteur d'hérésie ; dè
lors tout devenait de bonne guerre avec lui. Mai
qui ne sait que l'intolérance religieuse, en excitan
le fanatisme, colore du nom de vertus les action
les plus odieuses. Il faut donc, mettant de côt
ses prétendus crimes, reconnaître que Rieux possédait des qualités guerrières ; qu'il était pour l
ligue un chef utile, et pour la cause royale un ennemi dangereux. Sa mort fut pour cette dernièr
un événement heureux, et porta un coup sensibl
au parti opposé.

Saint-Chamand, qui avait succédé au sire Arthu
Esmangard, dépouillé du commandement de Pierrefonds par la ligue, vint y remplacer son lieutenant Rieux, et rendit par composition cette forteresse à Henri IV, en 1597.

C'est dans une assemblée tenue à Compiègne, composée des plus dévoués serviteurs de Henri IV, que furent élaborés les préliminaires de la paix de Vervins, signée dans cette ville, en 1598 [1].

Compiègne avait donné des gages nombreux de son attachement à la cause royale. Aussi le roi Henri IV affectionnait-il beaucoup son séjour. Dès qu'il fut parvenu au trône, et qu'il eut achevé de réduire tous ceux qui lui étaient opposés, soit par la force des armes, soit en composant avec eux, il put venir fréquemment dans cette ville. On prétend que, dans l'espace de deux ans, il y fit jusqu'à douze voyages. Il répondit un jour aux bourgeois qui étaient venus lui offrir des présents : « Je reçois vos présents, mais j'aime bien mieux vos cœurs. »

La reine Marie de Médicis, mère de Louis XIII, occupait Compiègne avec la cour (1631), à l'époque où Richelieu, faisant triompher partout sa volonté de fer, préludait à l'établissement de sa puissance,

[1] Lettres du cardinal d'Ossat

et à la consolidation définitive du pouvoir royal. C'est de Compiègne qu'elle partit pour aller chercher un refuge en Flandre, après avoir vu monter à l'échafaud et le maréchal Marillac, et Montmorency, premier gentilhomme de France, qu'elle avait armés contre le pouvoir royal.

Louis XIII se rendit fréquemment à Compiègne vers la fin de 1641. Il y séjourna quatre mois entiers en 1624. Il y reçut avec magnificence les ambassadeurs d'Angleterre, venus en France pour la conclusion du mariage de sa sœur avec le roi de la Grande-Bretagne.

En 1656, Christine, reine de Suède, fut reçue à Compiègne par Louis XIV, accompagné de la reine, de Monsieur, frère du roi, et des dames de la cour. Chacun à l'envi s'empressa de donner des fêtes et de payer son tribut à la reine philosophe, qui contribuait à répandre les lumières dans ses états, et qui aimait la société des gens de lettres. Les Jésuites ne restèrent point en arrière ; ils se piquaient de connaissances en littérature, et voulurent lui donner un échantillon de leur savoir. Ils firent jouer devant elle par leurs écoliers une tragédie de leur composition. Quel que soit le talent qu'y déployèrent ces jeunes acteurs, l'œuvre des bons pères n'eut pas le bonheur de plaire à Christine. Il paraît que loin d'exciter sa sensibilité, cette malencontreuse pièce ne fit que provoquer une hilarité dont se montra fort surprise la cour de France, qui assistait à cette représentation toute disposée à l'applaudir. Le lendemain, le père Anat vint pour laver son ordre de certains griefs que la reine nourrissait contre lui. Christine reçut ses doléances, en assurant le bon père que, connaissant la puissance des Jésuites, elle ne voulait pas les avoir pour ennemis; mais que quand il s'agirait de confession et de tragédie, elle ne serait pas aussi indulgente.

Louis XIV ordonna en 1698 la formation d'un camp de soixante mille hommes pour servir à l'instruction de l'armée et de ses petits-fils; il choisit pour son établissement le territoire de Compiègne. Jamais de mémoire d'homme on n'avait vu réunies un si grand nombre de troupes, ni vu déployer autant d'éclat et de magnificence. Les chefs voulant plaire au roi, s'épuisèrent en dépenses énormes d'habillement et d'équipement pour eux et pour leurs corps; en achats d'armes, de chevaux, bagages, tentes, livrées, etc. Ce camp était établi dans la plaine qui sépare Marguy de Coudun. Le duc de Bourgogne était général en chef. Mais c'était le maréchal de Boufflers qui en avait le commandement; son quartier-général était à Coudun. En sa qualité de commandant du camp, il surpassa tous les autres chefs en magnificence et en somptuosité. Au surplus, laissons parler le duc de Saint-Simon :

« Les colonels, et jusqu'à beaucoup de simples capitaines, eurent des tables abondantes et délicates. Six lieutenants-généraux et quatorze maréchaux-de-camp employés s'y distinguèrent par une grande dépense; mais le maréchal de Boufflers étonna par l'ordre surprenant d'une abondance et d'une recherche de goût, de magnificence et de politesse, qui, dans l'ordinaire de la durée de tout le camp, et à toutes les heures de la nuit et du jour, put apprendre au roi même ce que c'était que l'élégance, le nouveau et l'exquis. Jamais spectacle si éclatant, si éblouissant, il faut le dire, si effrayant; et en même temps rien de si tranquille que lui et toute sa maison, dans ce traitement universel; de si sourd que tous les préparatifs; de si coulant de source que le prodige de l'exécution; de si simple, de si modeste, de si dégagé de tout soin, que ce général qui, néanmoins, avait tout ordonné et ordonnait sans cesse, tandis qu'il ne paraissait occupé que des soins du commandement de cette armée.

« Les tables sans nombre et toujours neuves, et à tous les moments servies à mesure qu'il se présentait ou officiers, ou courtisans, ou spectateurs; jusqu'aux bâilleurs les plus inconnus, tout était retenu, invité et comme forcé par l'attention, la civilité et la promptitude du nombre infini de ses officiers; et pareillement toutes sortes de liqueurs chaudes et froides, et tout ce qui peut être le plus vastement et le plus splendidement compris dans le genre des rafraîchissements; les vins français, étrangers, ceux de liqueur les plus rares, y étaient abandonnés à profusion, et les mesures étaient si bien prises, que l'abondance de gibier et de venaison arrivait de tous côtés, et que les mers de Normandie, de Hollande, d'Angleterre, de Bretagne, et jusqu'à la Méditerranée, fournissaient tout ce qu'elles avaient de plus monstrueux et de plus exquis à jour et point donnés, avec un ordre inimitable, et un nombre de courriers et de voitures de poste prodigieux. Enfin jusqu'à l'eau, qui fut soupçonnée de se troubler ou de s'épuiser par le grand nombre de bouches, arrivait de Sainte-Reine, de la Seine, et des sources les plus estimées; et il n'est possible d'imaginer rien en aucun genre qui ne fût là, sous la main, et pour le dernier survenant de paille comme pour l'homme le plus principal et le plus attendu. Des maisons de bois, meublées comme les maisons de Paris les plus superbes, et tout en neuf et fait exprès, avec un goût et une galanterie singulière, et des tentes immenses, magnifiques, et dont le nombre pouvait seul former un camp. Les cuisines, les divers lieux et les divers officiers pour cette suite sans interruption de tables, et pour tous leurs différents services, les sommelleries, les offices, tout cela formait un spectacle dont l'ordre, le silence, l'exactitude et la parfaite propreté ravissaient de surprise et d'admiration. »

Il arriva pendant le camp une assez plaisante aventure au comte de Tessé, colonel-général des dragons. Le duc de Lauzun, pour qui cette charge avait été créée, lui avait fait accroire qu'au lieu du bonnet d'uniforme, le colonel-général devait à la revue du roi porter un chapeau gris. Le comte se confond en remerciements, et, dans l'effroi de la sottise qu'il eût faite, s'il n'avait pas été informé à temps de cet usage, expédie à la hâte un de ses gens à Paris, avec ordre de lui rapporter un chapeau gris. Laissons achever ce récit au duc de Saint-Simon.

« Le matin de la revue, j'allai au lever du roi, et contre sa coutume j'y vis M. de Lauzun y demeurer, lui qui, avec ses grandes entrées, s'en allait toujours quand les courtisans entraient. J'y vis aussi Tessé, avec un chapeau gris, une plume noire et une grosse cocarde, qui piaffait et se pavanait de son chapeau : cela me parut extraordinaire ; et la couleur du chapeau que le roi avait en aversion, et dont personne ne parlait plus depuis bien des années, me frappa, et me le fit regarder. Le roi, après s'être chaussé, et avoir parlé à quelques-uns, avisa enfin ce chapeau. Dans la surprise où il fut, il demanda à Tessé où il l'avait pris. L'autre, s'applaudissant, répondit qu'il lui était arrivé de Paris. — Et pourquoi faire, dit le roi? — Sire, répondit Tessé, c'est que votre majesté nous a fait l'honneur de nous voir aujourd'hui. — Eh bien! reprit le roi de plus en plus surpris, que fait cela pour un chapeau gris? — Sire, dit Tessé, que cette réponse commençait à embarrasser, c'est que le privilége du colonel-général est d'avoir ce jour-là un chapeau gris. — Un chapeau gris, lui dit le roi ; où diable avez-vous pris cela? — M. de Lauzun, sire, pour qui vous avez créé la charge, me l'a dit. — Et à l'instant le bon duc à pouffer de rire et à s'éclipser. — Lauzun s'est moqué de vous, répondit le roi un peu vivement ; et croyez-moi, envoyez tout-à-l'heure ce chapeau au général des Piémontais.

Jamais homme ne fut plus confondu que Tessé ; il demeura les yeux baissés, en regardant ce chapeau avec une tristesse et une honte qui rendirent la scène parfaite. Aucun des spectateurs ne se contraignit de rire, et les familiers ne manquèrent pas d'en dire leur mot.

Le roi voulant donner à la cour le spectacle d'un siége, fit faire l'investissement de Compiègne. Les troupes se partagèrent les travaux de défense et d'attaque. On exécuta des tranchées, des parallèles, des sapes ; on éleva des batteries.

Mais les opérations de ce siége, selon les réflexions de l'auteur malin et observateur que nous citons, n'en furent pas la chose la plus remarquable. Ce fut la politesse exclusive et la déférence avec lesquelles le roi traita Mme de Maintenon, qui absorba seule son attention pendant tout le temps que durèrent les exercices, quoiqu'il fût entouré de sa cour et des princesses du sang. Sur un rempart élevé, et du haut duquel on découvrait toute la plaine, avait été placée la chaise à porteurs de Mme de Maintenon : autour étaient assises les princesses du sang, et derrière, les hommes s'étaient retirés. A droite de la chaise, le roi était debout; puis un peu en arrière, s'étaient formé en demi-cercle ce qu'il y avait de plus distingué en hommes. Le roi presque toujours découvert se baissait pour parler et pour expliquer les manœuvres à Mme de Maintenon. Laissons encore parler notre auteur dans son style si libre et si pittoresque : « A chaque fois, elle avait l'honnêteté d'ouvrir sa glace de quatre à cinq doigts, jamais de la moitié.

« Quelquefois elle ouvrait pour faire quelques questions au roi; mais presque toujours c'était lui qui, sans attendre qu'elle lui parlât, se baissait tout-à-fait pour l'instruire; quelquefois elle n'y prenait pas garde; alors il frappait contre la glace pour la faire ouvrir. Jamais il ne parla qu'à elle, hors pour donner des ordres en peu de mots et rarement, et quelques réponses à Mme la duchesse de Bourgogne qui tâchait de le faire parler, et à qui Mme de Maintenon montrait et parlait par signes de temps en temps, sans ouvrir la glace de devant, à travers laquelle la jeune princesse lui criait quelques mots. J'examinais fort les contenances : toutes marquaient une surprise honteuse, timide, dérobée; et tout ce qui était derrière la chaise et les demi-cercles avait plus les yeux sur elle que sur l'armée, et tous dans un respect de crainte et d'embarras. Le roi mit souvent son chapeau sur le haut de la chaise pour parler dedans, et cet exercice si continuel lui devait fort lasser les reins.

« Vers le moment de la capitulation, Mme de Maintenon demanda apparemment permission de se retirer; le roi cria : « Les porteurs de Madame! » Ils vinrent et l'emportèrent. Moins d'un quart-d'heure après le roi se retira suivi de Mme la duchesse de Bourgogne et de presque tout ce qui était là. Plusieurs se parlèrent des yeux et du coude en se retirant, puis à l'oreille bien bas. On ne pouvait revenir de ce qu'on venait de voir. Jusqu'aux soldats demandaient ce que c'était que cette chaise à porteurs, et le roi à tout moment baissé dedans. Il fallut doucement faire taire les officiers et les questions des troupes. On peut juger de ce qu'en dirent les étrangers, et de l'effet que produisit sur eux un tel spectacle; il fit du bruit par toute l'Europe, et fut aussi répandu que le camp même de Compiègne, avec toute sa pompe et sa prodigieuse splendeur.»

Enfin ce camp fut terminé par la représentation d'une bataille rangée. L'exécution en fut parfaite, et dura longtemps, par la résistance qu'opposa à faire sa retraite celui des généraux qui était chargé de simuler ce mouvement.

Le camp dura vingt-cinq jours. Pour le distinguer des autres camps qui eurent lieu à Compiègne, on lui donne plus particulièrement le nom de camp de Coudun. La dépense à laquelle il donna lieu s'éleva à seize millions. On y brûla près de 100 milliers de poudre. L'affluence des étrangers était telle que l'on y vendait l'eau jusqu'à un sou le verre. Au départ du roi, les officiers d'infanterie reçurent chacun, à titre de gratification, 300 livres, et les officiers de cavalerie 600. Ces munificences royales furent loin de couvrir les dépenses excessives faites par tous les officiers; ce ne fut, selon Saint-Simon, qu'une goutte d'eau pour chacun d'eux.

Louis XIV, par lettres patentes de 1705, concéda au collége des Jésuites l'ermitage du Saint-Signe.

Louis XV et l'électeur de Bavière, alors prisonnier de guerre à Compiègne, se firent affilier à la compagnie des arquebusiers de cette ville, renommés par leur adresse. En 1730, Louis XV fit construire le pont actuel pour remplacer celui que Saint Louis avait établi vis-à-vis la porte du Vieux-Pont.

En 1739, Louis XV assembla un camp à Compiègne. Il fut spécialement destiné à des exercices et à des manœuvres d'artillerie. Composé d'un petit nombre de troupes, tout ce qui s'y fit d'étranger à cette arme ne fut que secondaire. C'est dans la plaine, entre Compiègne et Choisy, que campa le régiment Royal-Artillerie, avec ses mineurs, ses parcs, ses pontons et tous les agrès et engins nécessaires aux préparatifs d'un siége et à la construction des batteries. Sous la conduite des officiers de cette arme, les canonniers construisirent, entre la forêt et le camp, un fort, défendu du côté du camp par un front de fortifications, composé d'un bastion et demi avec demi-lune, caponnière, chemin couvert, mine et contre-mine; du côté de la forêt le fort n'était défendu que par un fossé de quatre pieds de large sur trois de profondeur. Ces travaux, quoique exécutés sur une petite échelle, car le bas du parapet n'avait que 6 pieds d'épaisseur, offraient cependant une partie complète du système de Vauban : ce fort était en outre palissadé selon toutes les règles de l'art. Deux bataillons, l'un de la milice de Soissons, l'autre de celle de Senlis, logés d'abord à Compiègne, puis à Choisy, aidèrent les canonniers dans la confection de leurs travaux. On construisit ensuite, à 600 pas de la rivière, une batterie pour servir à l'école du tir. Elle était composée, d'un côté, de six pièces avec embrasures, et de six tirant à barbette [1]; de l'autre, de six mortiers et de deux pierriers.

Le 21 mai les exercices à feu commencèrent : ils continuèrent jusqu'au 9 juin. Bon nombre de blancs furent abattus. Beaucoup de bombes approchèrent du tonneau. On parle même d'un frère capucin qui signala son adresse en lançant une bombe qui vint tomber sur la ligne du tir, à quatre toises du pied de la perche. Il avait inventé un instrument pour le pointage, et d'après la description qu'on en a donnée, il y a tout lieu de croire que c'est le même instrument qui aujourd'hui encore est en usage dans l'artillerie. Les 7 et 8 juin arrivèrent le régiment du roi, et des détachements du régiment de Gondrin, Blaisois et Bour-

---

[1] C'est-à-dire, sans embrasure, avec des pièces tirant à la manière des obusiers.

bonnais. Ils campèrent auprès de Royal-Artillerie. Du 7 au 14 juin, le temps se passa en revues et autres exercices militaires, tels que passages de pont, marches, batailles simulées, etc., auxquels prirent part toutes les troupes. Le théâtre de ces manœuvres fut tantôt la plaine du côté du camp, tantôt celles de Venette et Margny.

Enfin le 14 commencèrent les opérations du siége. La tranchée s'ouvrit à l'entrée de la nuit à 300 toises de la place, par une parallèle de 500 toises, terminée à droite par une redoute. On commanda pour ce travail 500 fusiliers et 1100 travailleurs; ces derniers, armés chacun d'une fascine, d'une pelle et d'une pioche, et soutenus par les fusiliers, arrivèrent en trois détachements aux lieux désignés; et s'étant couchés auprès de leurs fascines, commencèrent à un signal donné le creusement de la parallèle. Pendant ce travail nocturne et silencieux, les assiégés faisaient, de leurs remparts, un feu vif et continuel. Le 15, à la pointe du jour, les troupes armées entrèrent dans la tranchée. Cette journée fut employée au placement des batteries de canons, de mortiers, et à ricochets; les unes dirigées sur le prolongement des faces des bastions, les autres les prenant de revers. La nuit, on déboucha de la parallèle sur les trois capitales, en traçant à fascines courantes les zigzags. Dans la matinée du 16, ces ouvrages furent perfectionnés. Dans la journée on fit une sortie; des postes furent pris, quittés, repris; des travaux détruits; pendant les combats, l'artillerie de la place et celle des assiégeants se faisaient entendre. On eut à déplorer la perte d'un sous-officier tué, atteint par une bombe. Il est certain qu'il y avait imprudence à tirer des bombes, aussi le roi ordonna de tirer à blanc. Enfin, le soir, après que le feu eut cessé de part et d'autre, on commença la troisième parallèle à la sape volante, c'est-à-dire avec des gabions que les travailleurs remplissaient de terre; les gabions placés, l'artillerie procéda à l'établissement de huit nouvelles batteries, tant de brèche, que d'enfilade. Le 17 vers le soir, trois brigades de sapeurs débouchèrent de la troisième parallèle, sur les capitales des trois lunettes, en s'enfonçant de trois pieds; les gabions en ayant autant, cela faisait un couvert de six pieds; puis, roulant devant eux un gabion farci, ils marchèrent droit à l'angle de chaque lunette, jusqu'au débouché de l'arrondissement du fossé. Le 18, on perfectionna les sapes, on chargea les mines, et trois cents hommes s'établirent dans la tranchée. A l'entrée de la nuit, on donna un divertissement aux dames de la cour, placées sur la terrasse. On jeta cinquante pots à feu sur le glacis de droite et de gauche; cette illumination, jointe aux feux projetés par cent cinquante bombes qui furent lancées dans la place et de la place, produisirent l'effet le plus pittoresque. Le 19, tout fut préparé pour l'attaque du chemin couvert; on s'en empara. Les travailleurs s'y logèrent; les troupes débouchèrent de la troisième parallèle, pour attaquer les trois places d'armes saillantes; elles se relevaient d'heure en heure. Les assiégés retirés dans leurs places d'armes rentrantes y furent forcés. De là, les sapeurs firent une descente à double sape dans les fossés. Enfin le 20, après toutes les mesures préliminaires, on battit en brèche, et on fit jouer les mines.

Dans ce moment, pendant que les troupes semblaient se jouer du feu des grenades, des canons et des mortiers, le feu prenait réellement chez le curé de Venette.

Le 21, on fit sauter les terres du rempart et du parapet; la brèche ayant été reconnue praticable, on monta à l'assaut en présence du roi. Enfin, le rempart ayant été escaladé, abondonné et repris, et le logement de la brèche ayant été exécuté, les assiégés demandèrent à capituler. La capitulation fut faite, écrite, et signée dans les formes; les demandes des assiégés furent réduites. La garnison défila devant le roi, avec les honneurs de la guerre; elle sortit par la brèche, passa par la double sape couverte, devant leurs majestés, et retourna au camp. Le roi fut présent à toutes les grandes manœuvres du camp, et à toutes les péripéties du siége, qui dura huit jours. La durée totale de ce camp fut de cinquante-cinq jours.

ÉTAT—CIVIL.

Nous avons vu que les rois, en instituant les cas royaux qui leur donnaient la connaissance des faits concernant le meurtre, le rapt, l'homicide et le péage, étaient parvenus à affaiblir la puissance des seigneurs. Mais à Compiègne, qui fut toujours ville du domaine royal, les rois exerçaient directement la justice. Néanmoins, elle était circonscrite dans des bornes assez étroites; car l'autorité y était partagée entre les religieux de l'abbaye Saint-Corneille, le bailli et ses assesseurs, le maire et les jurés. Ces prétentions de l'abbaye Saint-Corneille à l'exercice de la haute justice dans la ville, celle même du maire et des jurés, n'étaient point établies sur de solides bases. Les religieux ayant la haute main sur les censitaires et les tenanciers de l'abbaye, la ville exerçant des droits de seigneurie sur le Petit-Margny, et une action de tous les jours dans son administration particulière, pouvaient bien confondre quelques ordres d'idées dans un temps où cette confusion régnait à peu près partout. Mais quand il s'agissait d'un délit grave, d'un crime, par exemple, c'étaient toujours le bailli et son prévôt qui exerçaient les poursuites.

Il survenait, de temps à autre, des réglements sur la police et sur les attributions de ces différentes autorités. En 1414, Charles VI fixe les assemblées de la ville au nombre de douze notables. Les rois avaient aussi dans les villes des commis, pour la perception des deniers publics. Après la capitation, l'impôt sur le sel paraît être le plus ancien. Viennent ensuite les impôts sur la vente du vin, soit en gros, soit en détail. En 1369, les Etats de France avaient octroyé une imposition d'un sou par livre sur le sel, de quatre livres sur chaque feu dans les villes, et de trente sous aux champs; de plus, sur la vente du vin à la campagne, le treizième en gros, et le quatrième en détail. Les ordres religieux votèrent aussi des contributions volontaires.

En 1319, lors de la suppression momentanée de la mairie, Jean Charmolue fut nommé prévôt pour le roi; Antoine Lecaron était aussi prévôt en 1519. La ville eut son gouverneur pour le roi; on cite le sieur de Billy comme ayant été le premier revêtu de ce titre. On trouve aussi qu'en 1430, c'est-à-dire sous Charles VII, les habitants furent exemptés des droits de franc fief. Les rois eux-mêmes les percevaient comme seigneurs; mais

Charles VII en affranchit les habitants, récompensant ainsi leur fidélité à sa cause. Parmi les nombreux établissements religieux de Compiègne, il y en avait toujours quelques-uns qui cherchaient à se soustraire aux charges de la ville. Ainsi, nous voyons François duc d'Angoulême, exempter les Minimes de tout subside, c'est-à-dire que le vin et autres denrées qui entraient pour eux ne payaient aucun droit. On sent à quels abus une semblable tolérance pouvait donner lieu. Ce privilége est encore confirmé par les rois suivants. Toutefois, d'après ce que nous avons dit plus haut de l'abbé Saint-Faron, il y a lieu de croire que les chefs de ces établissements, s'ils savaient recueillir les avantages de leur position, savaient aussi, à l'occasion, se créer des devoirs dont l'accomplissement retournait au profit du bien public. En vain, plus tard, veut-on les attaquer dans leurs droits et leur autorité. En 1647, paraît un arrêt du parlement, rendu contre le maître particulier, greffier de la maîtrise de Cuise, et qui maintient : « Les religieux, prieur et couvent de Saint-Corneille en tous droits de propriété, fond, tréfond, moyenne et basse justice; îles, îlots, atterrissements, moulins, droits de pêche, de travers sur la rivière d'Oise et sur le pont, rives et bordages d'icelle; fruits, profits, émoluments en dépendant, depuis le clocher de Clairoix jusqu'au clocher de Jaux. » Mais ils éprouvèrent un échec dans une cause d'une assez grave importance.

Il existe un factum de 1650 pour les religieux de Saint-Corneille, afin d'intervention :

Contre le lieutenant du bailli de Senlis à Compiègne et le prévôt royal, et lesdits lieutenant et prévôt, demandeurs et défendeurs l'un contre l'autre, en réglement de juridiction.

Messire Gaston de Foix contre Senlis et les échevins de la ville de Compiègne, intervenants et défendants.

1° Un crime ayant été commis à l'auberge de la Bouteille, le prévôt et le bailli eurent débat entre eux pour la connaissance de l'affaire.

2° Lesdits de Saint-Corneille en ayant eu connaissance, firent une requête afin d'intervention pour être maintenus avec eux ès-droits de justice haute, moyenne et basse, qu'ils ont au lieu dit la culture de Charlemagne et autres. — Mais il paraît qu'on laissa la requête sans réponse. Toutefois, dans ce factum, ils fondent leurs prétentions sur les raisons suivantes : 1° que leur charte de fondation concède aux religieux le domaine dit la clôture de Charlemagne, situé en dehors du monastère; 2° qu'ils auront la justice, tant pour entendre les causes que pour punir les coupables, dans l'étendue de leurs possessions, exigeront et prélèveront les impôts, tant sur les hommes que sur les ingénus. On opposait à cela que ledit empereur n'avait donné que l'usage de ladite clôture, et non le fond. Que la clôture est un champ hors de la ville, puisque la charte de fondation, se sert du mot culture (*culturam concessimus*), et que, par conséquent, lesdits de Saint-Corneille n'ont pas de justice dans la ville. Les religieux répondaient : que, bien que ladite culture fût dehors de la ville à l'époque de leur fondation, il suffit, pour maintenir leurs droits, qu'on y ait donné à bâtir, et qu'elle fasse aujourd'hui partie de Compiègne, comme il appert par l'érection de la paroisse Saint-Jacques, qui y est assise, et dont ils sont patrons et curés primitifs.

On voit que les raisons des religieux ne sont pas extrêmement solides; ils laissent dans le vague la question des limites de cette clôture, ou culture; ne parlent pas de son changement de dénomination, ne s'expliquent pas sur la nature, sur les degrés de justice qu'ils ont à exercer. Enfin, ils ne répondent pas à la dernière objection qu'on leur fait, qu'ils n'ont que l'usage, et non le fond de ce terrain. Quoi qu'il en soit de ces réflexions, on remarquera en même temps que les attributions des autres autorités n'étaient pas encore bien déterminées non plus, puisque ce meurtre donna lieu à un conflit de juridiction entre le bailli et le prévôt, d'une part, entre ceux-ci et le maire et les échevins de la ville, et enfin entre eux tous et les religieux de Saint-Corneille.

La suprématie que l'abbaye exerçait sur toutes les autres églises commençait aussi à leur peser; elles cherchaient souvent à s'y soustraire. Déjà, en 1641, les desservants de l'Hôtel-Dieu, Saint-Nicolas, veulent secouer son joug; mais la juridiction de Saint-Corneille sur eux est confirmée par la Cour. Cette juridiction se traînait incertaine au milieu des intérêts qu'il lui arrivait souvent de froisser, et de la confusion des pouvoirs mal limités de l'évêque de Soissons et de l'abbé. Deux vicaires d'une des églises de Compiègne ayant été, en 1553, suspendus par l'abbé, se pourvurent au conseil, et obtinrent un arrêt par lequel ils étaient reçus appelant comme d'abus. S'étant ensuite pourvus devant l'évêque de Soissons, celui-ci les releva de l'interdit que l'abbé avait frappé sur eux. Mais l'abbé, récusant la juridiction de l'évêque, lança contre eux un second interdit, duquel l'évêque les releva encore; puis, étant revenus au conseil, ils firent casser la procédure du grand vicaire de Saint-Corneille, et rendre exécutables les ordonnances de l'évêque. L'abbé protesta contre les ordonnances, disant que l'évêque n'avait nulle juridiction sur les ecclésiastiques de Compiègne, et que c'était l'abbaye de Saint-Corneille qui, seule, possédait la juridiction ecclésiastique et spirituelle dans la ville, comme l'évêque dans son diocèse ; il ajoutait qu'on avait surpris la religion du conseil. Enfin, ce qui prouve encore qu'il y avait incertitude entre les pouvoirs de ces deux autorités, c'est que l'évêque observe qu'il n'a levé l'interdit que *ad cautelam* (provisoirement).

En 1674, survient un arrêt du conseil du roi, qui condamne les chanoines de Saint-Clément à assister aux processions générales de Saint-Corneille pour porter le Saint-Suaire. Plus tard, les intérêts des curés des deux autres paroisses de Compiègne nécessitent l'intervention de l'évêque de Soissons. En 1672, paraît de lui une ordonnance qui fait défense aux prétendus fieffés de l'abbaye, demeurant dans des maisons sises sur les paroisses Saint-Jacques et Saint-Antoine, de reconnaître d'autres curés que ceux desdites paroisses. L'évêque, après avoir expliqué l'ori-

gine de la création des fieffés, comme nous l'avor
fait dans la première période, observe que le titr
abbatial étant supprimé, et la manse abbatial
réunie au Val-de-Grâce, ils n'ont plus de service
à rendre : qu'ils continuent cependant à en porte
le nom ; que leur nombre s'accroît encore par l
vente qu'ils font de la moitié, du quart de leu
qualité ; que les acheteurs de ces parts abandor
nent la paroisse où ils sont, pour aller à celle d
Crucifix ; que si l'un de ces titulaires vient à mou
rir, sa femme, ses enfants, sa servante et ses ser
viteurs continuent à reconnaître le curé du Cru
cifix ; que les locataires des maisons où ils logen
sont détournés de leur paroisse sous ce prétexte
et vont à la chapelle du Crucifix, de laquelle le cur
qui est religieux, vivant en clôture et régularité
et établi pour les valets et domestiques qui son
dans l'enceinte de Saint-Corneille, devient et s'é
rige en curé général de la ville de Compiègne
Mais le curé du Crucifix répondait aux curés d
Saint-Jacques et de Saint-Antoine, que sa cur
était plus ancienne que la leur ; que les fieffé
n'étaient pas des domestiques, mais des barons c

des gens de qualité. Il cite, en outre, des maisons qui se trouvent situées sur une paroisse, et qui appartiennent à une autre, comme à Paris par exemple. Ce malheureux curé était battu en brèche de tous côtés; sa cure avait quelques annexes au loin; et voici que déjà les dames du Val-de-Grâce veulent lui contester l'administration spirituelle du bois des Ajeux. Enfin, dit-il, s'il n'avait que sa nourriture et ses habits, comment pourrait-il payer les droits de procuration et assister les pauvres; s'acquitter des charges de la cure, consistant dans l'exercice de l'hospitalité, et dans le paiement des droits de visite? Toutefois, l'idée que cette cure ne devait desservir que les gens de l'abbaye sembla prévaloir dans l'esprit des habitants; car quand, plus tard, l'évêque de Soissons restreignit le privilége qu'elle avait de baptiser tous les enfants nés dans les octaves de Pâques et de la Pentecôte à un seul enfant de chaque paroisse pour chacun des octaves, on vit des habitants employer différents subterfuges pour ne pas y envoyer ceux de leurs enfants premiers nés pendant ce laps de temps.

La suppression du titre abbatial dut porter un coup bien sensible aux religieux de Saint-Corneille. Elle eut lieu le 30 octobre 1646, après le décès de messire Simon-le-Gras, évêque de Soissons, dernier abbé du monastère.

Dès ce moment les religieux de Saint-Nicolas-du-Pont, de Compiègne, ne veulent plus reconnaître d'autre juridiction au spirituel que les dames du Val-de-Grâce. Mais le prieur de Saint-Corneille, qui n'était pas supprimé, s'efforçait d'établir une distinction importante entre la manse abbatiale[1] et l'église de Saint-Corneille. Il disait que c'était à tort que les dames et religieuses du Val-de-Grâce voulaient persuader au monde qu'elles étaient abbesses de Saint-Corneille : que l'abbé étant supérieur du prieuré de Saint-Nicolas, conjointement avec le prieur, c'était à ce dernier que revenait la juridiction spirituelle. Mais les dames du Val-de-Grâce ne lui gardèrent pas rancune; elles viennent en

---

[1] On entendait par manse abbatiale tout le produit des dîmes que percevait l'abbé.

1653 au secours du monastère, en contraignant les doyens et chanoines de l'église Saint-Clément à assister aux processions solennelles qui se faisaient en l'église de Saint-Corneille, le jour de la Saint-Clément. Cette église payait quinze sous parisis de rente à celle de Saint-Corneille. Toutefois, de nouvelles difficultés surgirent encore; les dames du Val-de-Grâce et les religieux de Saint-Corneille prétendaient chacun avoir le droit de nommer les officiers de judicature; et, en 1692, on donna le nom de cohue aux cérémonies qui accompagnaient la prise de possession de la justice que les religieux exerçaient pendant trois jours dans Compiègne.

La suppression de la maison abbatiale n'améliora pas le sort des curés de la ville. Par un factum de 1674, le curé de Saint-Antoine met à jour tout ce que son existence a de précaire. Il déclare que les dames du Val-de-Grâce ne lui ont laissé que les trois muids de blé d'ancienne redevance, trois cents francs de portion congrue, et trente-huit livres des produits des dîmes : que ces dernières étant retenues presque entièrement sous le nom de dîmes du terroir Saint-Germain, le reste était partagé entre les deux curés; mais que celui de Saint-Jacques était beaucoup plus favorisé. Au nombre de ses griefs, il ajoute encore que les dames du Val-de-Grâce lui font donner le blé le plus petit qui se trouve chez leurs fermiers. Elles avaient promis des chapelles pour défrayer un vicaire; mais quand il s'en trouva de vacantes, elles les donnèrent à leurs aumôniers. Le plaignant ne ménage pas sa pensée; il dit : En vain fonde-t-on des églises et des paroisses, si des religieuses riches et puissantes les dépouillent. Quel remède à tout cela propose l'évêque de Soissons? Il engage les marguilliers et les principaux paroissiens à mettre plus d'ordre dans l'église, à faire choix d'un vicaire, et à aviser au moyen de lui faire un traitement raisonnable. Mais les marguilliers ne le peuvent pas; l'église elle-même est dans la détresse, ses revenus sont saisis pour acquitter une taxe de 400 livres, servant à payer l'office du trésorier de la fabrique. Les Jacobins étaient également en réclamation auprès des dames du Val-de-Grâce qui refusaient de leur donner à chacun, par an, un muid de blé et quinze livres en argent. Cette redevance, imposée à l'abbaye à titre onéreux, avait une singulière origine : elle leur avait été accordée pour les prédications qu'ils faisaient dans Compiègne, à la décharge de l'abbaye.

Malgré ce conflit de juridiction, malgré la suppression de la manse abbatiale, Saint-Corneille n'en deployait pas moins la plus grande magnificence dans les cérémonies du culte. Les religieux possédaient encore des revenus considérables, consistant en dîmes, en redevances, en droits, etc. Ils étaient dans l'usage d'affermer les dîmes aux particuliers. Il existe un bail qui afferme à François Frique, laboureur à Gury, les deux tiers des dîmes de Gury et Val-Fleuri, moyennant la somme 400 livres. Leur droit de pêche sur la rivière était également affermé pour une somme 340 livres; mais ils se réservaient les esturgeons, truites, saumons et autres poissons extraordinaires que l'on pourrait prendre.

Le fief de la mairie de Sacy relevait d'elle : il était possédé par Henri de La Motte Houdancourt, archevêque d'Auch. Ayant chargé son secrétaire, ou son trésorier, de faire acte de foi ou hommage, ce dernier, en 1665, se transporta avec un notaire à la porte principale de l'abbaye, mit un genou en terre, sans chapeau, ni épée, ni éperons; puis, ayant baisé la porte, il appela trois fois à haute voix les prieur et religieux de l'abbaye, leur déclarant publiquement foi, hommage et fidélité au nom de son maître.

Le trésor de leur église leur offrait en outre de nombreuses ressources. Il n'était pas rare de voir les abbés de Saint-Corneille détacher de temps en temps des reliquaires et autres objets précieux, des diamants, des pierreries, dont le produit était affecté soit aux dépenses de l'abbaye, soit à leurs besoins personnels. On parle même d'un grand seigneur qui se serait approprié une partie de ces richesses, pour soutenir les engagements qu'il avait pris dans le parti de la ligue. Pour arrêter le cours de ces déprédations, Antoine de La Haye, abbé commanditaire de Saint-Corneille employa, du consentement de l'évêque, tout ce qu'il restait de pierreries au reliquaire du saint Suaire, à la confection d'un crucifix d'argent massif du poids de quarante marcs, que l'on plaça sur la porte de la grille du chœur.

Voici la description d'une partie de l'intérieur de cette église. Le maître-autel était formé de deux grandes tables de vermeil, ornées d'ouvrages en filigranes entrelacés d'une infinité d'émaux et de pierreries. En deçà du sanctuaire, dans deux fausses arcades placées de niveau avec la galerie, s'élevaient six statues de rois revêtus de manteaux bleus, semés de fleurs de lys, le sceptre en main et la couronne ouverte sur la tête : celles du côté de l'épître représentaient Charles-le-Chauve, Louis V et Louis VII; celles du côté de l'évangile, Louis II ou le Bègue, Hugues II et Jean de France, frère aîné de Charles VII. Dans l'intérieur de l'église, selon la coutume de ce temps, on voyait les tombes de différents personnages; celles entre autres de la famille d'Humières. Dans les bas côtés existaient différentes chapelles ; les fonts baptismaux de l'une d'elles, la chapelle du Crucifix, sont maintenant dans l'église Saint-Antoine.

Il existe une lettre d'un bourgeois de Compiègne du 15 août 1666, qui donne les détails suivants sur la translation du voile de la Vierge, d'une châsse dans une autre. Il y eut, à peu d'intervalle, six jours de solennité consacrés à cette cérémonie. On avait élevé un trône recouvert d'un riche tapis d'Aix en broderie d'or, soutenu sur quatre colonnes revêtues de brocard, couronnées d'un dais de même étoffe. L'église était éclairée par six grands candélabres à douze branches, et vingt flambeaux d'argent. Le peuple de toute la province attiré à cette solennité remplissait incessamment l'église. On fit des processions au bruit des trompettes et des cloches sonnant à toute volée ; à leur voix se mêlaient les détonations des boîtes et des canons. Gouverneur, échevins, l'élection, tous les corps de la ville en habit de cérémonie, toutes les églises y assistaient. On observe que depuis plusieurs siècles, nulle cérémonie ne fut aussi magnifique, n'offrit plus de pompe et de majesté; et si quelque chose pouvait l'égaler, c'était l'ordre admirable qui y avait régné.

La confusion dans les pouvoirs, la jouissance des droits souverains possédés dans l'enceinte de la ville, et par les religieux de Saint-Corneille et par les maire et jurés, devaient froisser des intérêts précieux. Mais ces prétentions étaient mises à néant quand il s'agissait d'un objet d'utilité publique. L'approvisionnement de la capitale avait excité depuis longtemps déjà la sollicitude de l'administration. Les droits de travers que les religieux percevaient sous le pont entravaient la navigation, et donnaient lieu à une foule de plaintes. Louis XIV, par un édit, interdit à qui que ce soit d'arrêter les bateaux sur la rivière; condamne à restitution ceux qui ont perçu des sommes sur les voituriers par eau qui se rendent à Paris; enjoint au maître du pont, quoique paroissien de Compiègne, de les passer même pendant les jours de fête, excepté les quatre grandes fêtes de l'année. Ce ne fut qu'en 1672 que Louis XIV rendit sa grande ordonnance, non abrogée, sur le fait de la navigation et de l'approvisionnement. On sentait la nécessité de soumettre à une même jurisdence la police des rivières, ainsi que toutes les causes et tous les différends auxquels donnait lieu la manutention, le mesurage et le transport des marchandises par eau, pour l'approvisionnement de Paris, ville qui s'agrandissait chaque jour. Cette juridiction, qui avait son siége au bureau de l'Hôtel-de-Ville de Paris, était exercée par le prévôt des marchands et les échevins. Ils avaient des subdélégués dans les lieux les plus commerçants et les plus peuplés, situés sur les rivières d'Aisne, d'Oise et autres affluentes à la Seine. Le bureau de l'Hôtel-de-Ville étant supprimé, c'est aux tribunaux que sont aujourd'hui portées les affaires qui concernent le fait de la navigation et du commerce de bois par eau, pour l'approvisionnement de Paris.

En 1733, Louis XV avait fait don à Claude Bouillette, entrepreneur du pont de Compiègne, de trois places vagues, pour y construire des maisons. La ville, comme seigneur haut justicier, lui réclamait des droits seigneuriaux, et le paiement de 6 deniers de censive par an. Les religieux de Saint-Corneille élevaient les mêmes prétentions. Ils les fondaient sur la donation qui leur avait été faite de l'enclos dit la culture Charlemagne. A toutes les époques, ce mot joue un grand rôle dans l'histoire de Saint-Corneille. Mais Bouillette, avec assez de raison, alléguait que jamais les fossés de la ville n'avaient été compris dans cette culture ou couture. Il ajoute dans son mémoire, que les religieux avaient en France des possessions immenses, mais qu'on ne les avait jamais vus porter leurs vues ambitieuses jusqu'à vouloir envahir les fossés des villes de guerre; il ajoutait que toujours le gouverneur-major de la place jouissait des fruits des ravelines, fortifications et terrains, tant du dehors que du dedans de la ville. Quant aux prétentions de cette dernière, le mémoire de Claude Bouillette n'en parle pas; peut-être lui paraissaient-elles plus fondées.

A une époque assez rapprochée de la nôtre, le gouvernement faisait déjà des efforts pour extirper la mendicité. Il employait, pour parvenir à ce but honorable, le pouvoir arbitraire que lui donnaient les constitutions du royaume. L'administration s'occupe aujourd'hui du même objet ; sa tâche ne sera peut-être pas aussi facile, car ses mesures ne seront pas aussi énergiques.

Louis XIV, par lettres patentes de 1662, établit à Compiègne un hôpital dans lequel les mendiants, valides ou invalides, de quelque sexe et qualité qu'ils soient, seront renfermés pour être employés à des ouvrages et à tous autres travaux auxquels ils auront été reconnus propres par les administrateurs, dont l'autorité demeure indépendante de celle du grand-aumônier. Les administrateurs auront plein pouvoir ; la direction, l'administration, la discipline, correction et châtiment, tant sur les personnes que sur les biens de ladite Table-Dieu. Ces lettres patentes lui attribuent, en outre, tous les hôpitaux, maladreries, léproseries, lieux, terres, rentes, maisons, aumônes et droits quelconques, affectés aux pauvres, et perceptibles dans la ville et son bailliage. Elles obligeaient les communautés et particuliers ecclésiastiques, de donner l'état des aumônes particulières et générales qu'ils étaient accoutumés de faire annuellement. On donnait à la Table-Dieu la moitié de toutes les amendes et confiscations prononcées par les juges et officiers des eaux et forêts de Cuise et de Laigue. Ceux qui aspiraient aux offices et bailliages, aux maîtrises, devaient, après leur examen et leur réception, payer une aumône fixée par celui qui présidait. Dans le cas d'insuffisance de fonds, les administrateurs avaient le droit d'imposer et de lever les deniers nécessaires, par forme de contribution, sur les habitants de tous les ordres de la ville et des faubourgs. Les pauvres recevaient le tiers du prix de la vente de leurs ouvrages. Ceux des compagnons qui se seraient employés pendant six ans à leur apprendre quelque métier, étaient reçus maîtres sans être obligés de faire un chef-d'œuvre.

Compiègne avait aussi sa compagnie d'arquebusiers ; cette institution, encouragée dans un but utile et moral en même temps, fit tomber dans les villes celles du jeu de l'arc, qui fut abandonnée au peuple. Malgré la suppression des francs-archers fondés par Charles VII[1], malgré que les armées commençassent à être permanentes et régulières,

---

[1] En 1448, une ordonnance de Charles VII créa une troupe de francs-archers; elle était ainsi conçue : « Ordonnons qu'en chaque paroisse de notre royaume il y aura un archer, qui sera et se tiendra continuellement en habit suffisant et convenable, de salade, dague, épée, arc, trousse, jaque, brigandine, et seront appelés les francs-archers. »

Cette milice formait un corps de 22 à 23,000 hommes, et remplaçait l'infanterie dont on manquait alors. L'archer était franc de toute taille et de tout subside, et choisi dans chaque village entre soixante jeunes hommes (MÉZERAY).

La *salade* était une espèce de casque léger sans crête, avec ou sans visière. La *jaque* était une espèce de justaucorps qui venait jusqu'aux genoux et était rembourré de coton. Ce vêtement amortissait les coups de lance et d'épée. Les chevaliers de ce temps portaient aussi des jaques sous leur haubert de maille ; on en faisait aussi en cuir de cerf. La *trousse* était un carquois pouvant contenir 18 flèches. La *brigandine* était un corselet de lames de fer attachées les unes sur les autres dans leur longueur par des clous rivés (DANIEL).

et qu'on ne sentit plus autant le besoin de former les habitants aux exercices du tir, les compagnies d'arquebusiers existèrent toujours ; les rois les favorisèrent à leur début, en accordant à ceux qui les composaient, exemption de taille et d'impositions. Plus tard ces priviléges ne furent conservés qu'à leurs chefs. Chaque ville proposait son prix. Au jour marqué, les compagnies arrivaient au rendez-vous dans le plus pompeux appareil, et précédées d'un homme représentant le trait caractéristique des habitants. La compagnie des arquebusiers de Compiègne était précédée d'un dormeur ; celle de Pont-Sainte-Maxence, d'un homme portant une marmite et une cuiller à pot ; celle de Senlis, d'un gueux chargé d'une besace ; celle de Soissons avait un homme exercé à faire le bâilleur ; celui qui précédait la compagnie de Neuilly-Saint-Front, faisait le fou, et semait du sable. Tous ces grotesques usages sont des preuves traditionnelles de la naïve gaité de nos ancêtres.

Les compagnies d'arquebusiers avaient en général le pas sur la milice bourgeoise ; et lorsqu'elles étaient en marche, elles observaient entre elles un intervalle de six pas. L'admission à la compagnie, très dispendieuse par le luxe et le vain faste qu'on y déployait, fut souvent pour les familles une cause de ruine.

A partir du règne de Henri IV, la ville de Compiègne dut voir accroître sa population et ses ressources. Ce prince l'avait dotée de foires et de marchés francs. Il l'affranchit en 1597 de toutes contributions. Il l'autorisa à percevoir dix sous par minot de sel passant sur le pont, pour être employés à la réparation des fortifications. Les guerres civiles et religieuses, qui désolèrent notre pays pendant les règnes de Charles VI et de Henri III avaient cessé. La France, au gouvernement de laquelle Louis XI commença à donner de l'unité, ayant sous Louis XIV reculé ses limites, et formé un royaume puissant dont toutes les parties avaient de l'homogénéité, porta dans d'autres contrées le théâtre de la guerre. Avec l'unité dans le pouvoir et l'agrandissement de l'autorité royale, disparurent les guerres civiles, jusqu'au jour où de monstrueux abus, ou de nouveaux besoins créés par les améliorations mêmes introduites par la civilisation dans la société, ainsi que par le progrès des lumières, firent subir à la France, en 89, une nouvelle transformation.

On dit qu'anciennement, cette ville avait une population de 12 à 13,000 mille âmes; qu'elle était un entrepôt considérable d'épiceries, de vin, d'eau-de-vie, de vinaigre, de grains; qu'elle avait jadis de fortes manufactures de toiles et de linons. Après avoir atteint un certain degré de prospérité, elle eut donc son temps de décadence. Aux marchands syriens, qui pendant les VIIIe, IXe et Xe siècles, faisaient tout le commerce intérieur et extérieur, succédèrent à leur tour les marchands du pays; l'industrie s'était développée; l'agriculture perfectionnée; les voyages fréquents des rois et de la cour à Compiègne avaient aussi pu contribuer à son agrandissement; on comprenait d'ailleurs, dans la circonscription de Compiègne, le village de Saint-Germain; et il paraît, selon les archives de Saint-Corneille, que

la reine Adélaïde, veuve de Louis-le-Gros, ava
résolu et même commencé d'agrandir la ville
jusques et par-delà le faubourg. Malgré les guerre
civiles et de religion qui dûrent momentanémen
sans doute retarder son développement, ca
déjà, dit-on, elles firent transporter à Pont
Sainte-Maxence son marché au blé, le règn
de Henri et celui de Louis XIII devaient avoi
effacé les derniers vestiges des malheurs qui e
sont la suite. Cependant, ces deux règnes ré
parateurs cessèrent d'exercer sur la localité leu
heureuse influence, par l'érection du palais d
Versailles qui devint désormais le séjour de l
cour. En effet, on voit qu'à partir de cett
époque, Compiègne est bien moins souvent vi-
sité par la famille royale. On dit aussi que l
suppression du droit de chauffage fit sortir beau
coup d'habitants de cette ville, et fut une de
principales causes de la chûte de ses manufactures. Quelques personnes, cependant, sou
tiennent la thèse contraire. Peut-être pourrait-
on assigner une autre cause à leur disparition
celle du voisinage des villes de Reims et de Beau

vais, renommées pour leurs étoffes de laine plus propres et de couleurs plus apparentes.

La qualité de l'eau, l'influence de l'atmosphère peuvent, du reste, donner le sceptre de l'industrie à une ville de préférence à une autre, malgré l'ancienneté de la possession.

Il y avait aussi autrefois à Compiègne des coches d'eau qui partaient deux fois par semaine ; l'un d'eux allait à Soissons et à Pontavaire par la rivière d'Aisne ; un autre remontait l'Oise jusqu'à Chauny, et un troisième descendait cette rivière jusqu'à Beaumont.

Jadis on avait battu monnaie à Compiègne. C'est dans l'ancienne tour des Forges, qui nous semble être celle qui existe encore près de la rivière, que les rois de France firent battre, pendant quelque temps, les monnaies qui avaient cours dans le royaume. Louis VI supprima sous son règne la fabrication de la monnaie à Compiègne. Celle des barons et seigneurs féodaux n'avait cours que dans leurs domaines, et n'était que de cuivre; on ne dérogeait à cette loi que par privilége spécial. La tour des Forges, dont on n'entend plus parler depuis Dagobert, est remplacée en 1589 par l'hôtel des Monnaies dont Henri III autorise la construction. Cet hôtel était situé sur la place au blé, vis-à-vis l'Hôtel-de-Ville. Les monnaies percées d'un trou, étaient de saint Louis : car une tradition populaire leur donnait la vertu de guérir toutes les maladies, en les portant suspendues à la poitrine.

L'administration publique, sous le règne de Louis XIII, avait commencé à prendre une forme stable. Moins de délits, de crimes, d'actes de violence se commettaient[1]. François Ier, en instituant les grands jours, avait[2], par l'application d'une justice rigoureuse, prompte autant que barbare, épuré la société d'une foule de criminels de tout étage, faussaires, faux témoins, voleurs

---

[1] Le Monde hist.

[2] Le Monde hist.

de bénéfices, duellistes de profession; tout cela était tombé sous la hache du bourreau. C'est ce prince qui, le premier, prescrivit la tenue des registres servant à inscrire la date de la naissance et du baptême des enfants. Ce sont les curés qui les tiennent, mais chaque acte est signé d'un notaire, et à la fin de l'année on les dépose au greffe du plus prochain siége de bailli ou sénéchal royal. C'est également à partir de ce règne que les actes publics et les jugements sont rédigés en français.

L'impulsion donnée par François Ier aux arts et à la littérature, produisit dans une foule de localités des résultats salutaires : on sait encore de quels priviléges jouissaient alors les écoliers. Bientôt Compiègne eut aussi son collége; sa fondation remonte à l'année 1571, et est due à deux citoyens de Compiègne, Noël Gautier et Charmolue. Ce dernier donna le terrain pour la construction des bâtiments. Bientôt Louis XIV lui accorda des priviléges et le titre de collége royal.

Jusqu'à la fin du IXe siècle, nos pères, dans la construction des édifices, suivaient le style roman[1] : après les irruptions des Normands, les désastres et les incendies qui les accompagnèrent, il ne restait en France, au Xe siècle, que peu de monuments appartenant à l'architecture romane. L'esprit religieux qui se manifesta pendant les XIe et XIIe siècles, couvrit le sol de la France d'une foule d'édifices consacrés au culte, et remarquables par la solidité et la hardiesse de leur construction. C'est le premier âge de l'architecture gothique : on le rapporte au règne de Robert. Le second âge de cette architecture, que quelques auteurs appellent sarrazine, remonte au commencement du XIIIe siècle, sous le règne de Philippe-Auguste. Il réunit l'élégance à la solidité et à la hardiesse du premier. Les pleins ceintres, les lourds massifs, produits de l'architecture romaine, dénaturée sous la domination des Francs, furent dès-lors remplacés par des formes sveltes et légères, des colonnes avec leurs fûts élancés

---

[1] Genre mixte composé de celte et de romain.

et leurs chapiteaux ciselés de feuilles d'acanthe ; par des voûtes en ogive, légèrement posées sur des nervures qui se rejoignent sous un angle plus ou moins aigu comme les branches d'un arbre. Alors on vit s'élever ces immenses basiliques, œuvres de plusieurs siècles, qui portent depuis leur base jusqu'à leur sommet les traces des diverses transformations que l'art a subies, et offrent l'histoire en relief des sciences humaines et des croyances populaires. Le passant, le voyageur, s'arrêtent involontairement devant ces masses imposantes, et ne savent ce qu'ils doivent le plus admirer, ou la hardiesse de leur construction, ou la délicatesse de leurs détails de sculpture. En considérant ces derniers, il semble que l'Orient, avec ses Mille et une Nuits, son imagination capricieuse et fantastique, ses génies, ses palais enchantés, soit là tout entier ; c'est le monde de l'impossible qui a fait irruption dans le domaine de la réalité. L'œil peut à peine suivre, dans leurs détours sinueux, ces nervures, ces lignes qui empruntent à l'ellipse, à la spirale et à la courbe leurs combinaisons infinies. Là, des corniches surmontées de rampes à jour qui courent sur la crête de l'édifice, et des frises artistement sculptées qui serpentent avec elles. Là, des contre-forts s'élèvent, ne s'appuyant aux murs qu'ils doivent soutenir que par des arcs-boutans légers : ils offrent à leur partie extérieure, ou à leurs extrémités, des sculptures délicates et variées. Ici, des ceintures de pierre enlacent les bas côtés et viennent s'appuyer contre la nef, en demi cercles ou en parallélogrammes contigus les uns aux autres; de la crête des contre-forts, de celle des corniches ou des plates-formes, se détachent des gouttières, qui, sous la forme de serpents, de quadrupèdes et de chimères, animent ces créations gigantesques. Dans une foule de détails, l'architecte s'est livré à toutes les inspirations, à tous les écarts de son génie : des figures idéales, grimaçantes, bizarres, sont associées à des saints, et révèlent peut-être toute une pensée. Abordez-vous ces basiliques du côté de leur portail?.... c'est un autre spectacle qui s'offre à votre vue. Si la pierre ne se découpe plus sur le ciel gris ou transparent, en arcs-boutans légers, en rampes hardies, en colonnettes élancées, elle se montre à vos yeux comme une matière précieuse qu'un orfèvre aurait travaillée. D'abord l'ordonnance générale de la façade se développe majestueuse; vous approchez : eh bien! dans les voussures du portail, intérieurement et extérieurement, à tous les profils des colonnes qui ornent ses faces latérales, vous voyez se répéter en petit ce que déjà vous avez admiré en grand. Ce sont des flèches d'église en miniature et effilées, avec leurs fenêtres en ogive; des tabernacles avec leurs saints; des guirlandes de feuilles et de fruits, des niches, de petites chapelles avec leurs colonnettes de la grosseur d'un fétu; et tout cela si délicatement sculpté, et dans de si petites proportions, qu'on croirait que ces merveilles de patience et de labeur ont été empruntées par une fée à un palais aérien, pour servir d'ébats à des sylphes.

Tous ces caractères se retrouvent dans les deux églises Saint-Jacques et Saint-Antoine. Cette dernière appartient à deux époques : par sa nef au style ogival primitif, par son chœur, à l'architecture sarrazine dans sa perfection. Saint-Jacques appartient aussi à la première époque, mais sa tour est du xv⁰ siècle. C'est un morceau remarquable; sa tourelle octogone, ses quatre pans en saillie, semblables à des doubles contre-forts; la jonction de ces pans vers leur extrémité, leur prolongement en aiguille au-dessus de la plate-forme; leurs extrémités sculptées comme un étui en or de la renaissance, et couronnées de pots de fleurs et de fruits; les niches, les statues de grandeur naturelle, qui l'ornent aux deux tiers de sa hauteur; sa balustrade et sa frise, composent, avec le corps de la tour, un ensemble qui offre un mélange remarquable de force et de grâce. Son aspect sévère et robuste, contraste agréablement avec l'effet produit par la délicatesse de ses sculptures.

L'Hôtel-de-Ville est aussi un monument du xv⁰ siècle.

Aux xvii⁰ et xviii⁰ siècles, l'architecture sarrazine est abandonnée; elle tombe dans un mépris dont l'ont bien vengée, dans ces derniers temps, les admirateurs des chefs-d'œuvre du moyen-âge, et les justes appréciateurs de leur mérite. On revint aux modèles anciens; on ne connut plus que l'ordre toscan, ionique, dorique ou corinthien. Les édifices publics n'empruntèrent leur majesté qu'à la grandeur de leur ordonnance, à la sévérité du style, à la justesse des proportions; on revint au plein ceintre; on fut plus sobre d'ornements. Si on ne fit plus de tours de force en architecture, on porta plus loin l'art du statuaire. Bref, si dans nos monuments publics le style de la renaissance est abandonné, on sait du moins, aujourd'hui, lui rendre justice, et on admire le beau partout où il se trouve.

Enfin, du vaste chaos de l'ancienne jurisprudence, de l'arsenal des lois, des édits et des ordonnances promulgués successivement par les rois, des efforts vers le bien faits par les hommes d'état qui brillèrent sous les différents règnes, était sortie cette organisation sociale informe et incomplète que la révolution trouva debout à son apparition.

Compiègne était depuis longtemps le siége d'un bailliage, et celui de plusieurs prévôtés.

Les affaires qui ressortissaient au bailli, concernaient les causes des gens nobles, celles des ecclésiastiques, communautés religieuses et séculiers de fondation royale, et de leurs successions ; celles du domaine du roi, du partage des successions situées en différentes juridictions, et autres cas privilégiés indiqués dans les coutumes, édits, ordonnances, etc.

Celles qui ressortissaient au prévôt concernaient les causes et différends des églises qui n'étaient pas de fondation royale, des fabriques et paroisses, des communautés d'habitants, des corporations, et celles de tous les forains, habitants divers lieux, seigneuries et domiciles.

En août 1748, un édit royal supprime les cinq prévôtés dont le siége était à Compiègne, afin de ne laisser, conformément à d'anciennes ordonnances des états de Roussillon, de Blois et d'Orléans, qu'un seul degré de juridiction dans les villes, et les réunit au bailliage. Les cinq prévôtés se composaient de celle de la ville, faubourgs et banlieue, de Margny, la prévôté foraine et de Choisy, la prévôté de Thourotte, et la prévôté de l'exemption de Pierrefonds. Une meilleure organisation avait été donnée à la justice. Pour alléger les parlements de Paris, où ressortissaient tous les appels, on créa des juridictions où de moindres affaires étaient jugées, comme au parlement, en dernier ressort. Ces juridictions furent appelées siéges présidiaux. Celle des prévôts des maréchaux concourait avec le siége présidial pour le jugement et l'expédition des affaires criminelles. En 1786, Compiègne était du présidial de Senlis, et à son bailliage étaient réunis trois prévôtés.

Outre le roi, qui était son seigneur principal, elle avait pour seigneurs particuliers et de ses différentes parties, l'abbesse du Val-de-Grâce, la ville représentée par le maire et les échevins, le chapitre de Saint-Clément, l'abbesse de Royal-

Lieu, et quelques particuliers ayant des fiefs dans la ville.

Elle appartenait, comme Senlis, au gouvernement de l'Ile-de-France, et avait une élection dépendant de la généralité de Paris. C'était une sorte de tribunal établi pour juger les différends concernant les tailles, les aides et les gabelles.

Compiègne était la résidence d'un procureur du roi, d'un lieutenant de police; celle d'un gouverneur, d'un lieutenant du roi, et d'un major. Il y avait aussi des gouverneurs attournés, choisis dans l'assemblée de l'Hôtel-de-Ville, composée des notables; leur élection était confirmée par lettres patentes du roi. Les archives de la ville renferment une de ces lettres signée de Louis XIV.

Elle avait un grenier à sel; un directeur des aides. Toutes les autorités de la ville, les couvents et les religieux recevaient annuellement en forme de don, une certaine quantité de sel.

XIIIᵉ, XIVᵉ et XVᵉ SIÈCLES.

Lith. par Arnout d'ap. C. Perrot.   Imp. chez Kaeppelin et Cⁱᵉ

Publié par Langlois.

ÉGLISE ST. JACQUES.

Elle était le siége de deux maîtrises et d'une juridiction consulaire. Elle avait en outre, un collége, un bureau de change, un hôpital militaire, un Hôtel-Dieu, et hors de la ville, un hôpital général.

Elle renfermait trois paroisses; Saint-Jacques, Saint-Antoine, et du Crucifix, dans l'église Saint-Corneille; elle possédait plusieurs établissements religieux pour les personnes des deux sexes. Il y existait un bureau de poste; une poste aux chevaux; quatre foires s'y tenaient par an; et enfin elle avait trois marchés au blé par semaine.

Les habitants formaient cinq compagnies bourgeoises. Leurs officiers étaient nommés par le gouverneur, sur la présentation du maire et des échevins. Leur uniforme se composait d'un surtout de drap bleu, garni de brandebourgs en or, avec veste rouge galonnée en or, et chapeau bordé d'or.

Dans les cérémonies publiques, les maire et échevins avaient le pas. A la première entrée de

Louis XVI à Compiègne, les clés de la ville lui furent présentées par M. de Crouy, maire. Ces clés, de deux décimètres de long, étaient d'argent, et coûtèrent 305 liv. 1 sou 6 den. Les fonctions du maire consistaient à présider aux assemblées des habitants, et à les convoquer; à pourvoir au logement des troupes; à veiller à l'emploi des deniers de l'octroi et patrimoniaux, pour la décoration et l'utilité de la ville; à faire exécuter les ordonnances touchant les impositions; et à présider à la nomination des collecteurs. Ces diverses fonctions ne s'exécutant pas partout avec une parfaite intégrité, Louis XV fut obligé de rendre un édit portant règlement pour l'administration des villes.

Dans les lieux qui possédaient des justices seigneuriales, les procès étaient souvent mal instruits, et les crimes ou délits impunis. On rapporte qu'en 1789 même, un religieux d'une communauté de Compiègne ayant, dans une rixe, causé la mort d'un de ses confrères, le procureur du roi se présenta pour constater l'homicide. La porte lui fut refusée, sous prétexte que la cause devait être jugée par le seigneur dont les religieux relevaient.

Les peines infligées pour délits militaires étaient encore, à une époque très rapprochée de nous, d'une odieuse sévérité. En 1768, il devait y avoir un camp à Compiègne ; mais il n'eut pas lieu à cause de la mort de la reine. Le réglement portait défense de cueillir graines, fruits ou légumes dans les jardins ou dans les champs, sous peine des galères ; de chasser, pêcher, ou découcher, sous les mêmes peines ; d'avoir sur soi plomb ou balle à gibier, sous peine de la vie ; de blasphémer, à peine d'avoir la langue percée d'un fer chaud, etc.

La police intérieure des villes était presque toujours dans les attributions des juges ordinaires. Dans les justices royales, le procureur du roi en était chargé ; dans les justices subalternes, c'était le procureur fiscal. Ils avaient à leurs ordres des messiers, des commissaires, comme les ont aujourd'hui les maires.

Le procureur du roi de chaque bailliage exerçait les fonctions de voyer. Chemins, rues, maisons qui menaçaient ruine, cheminées en mauvais état, tous ces objets ressortissaient d'eux. Celui qui exerçait cette charge, du temps de Charlemagne, s'appelait *magister operum*. Ses émoluments consistaient dans les droits qu'il percevait sur les contrevents, auvents, seuils de portes, bancs, bornes, étaux, éviers de cuisine, etc. Néanmoins, cette charge, tombée en désuétude, n'était plus exercée dans ces derniers temps que pour ce qui a rapport aux églises et édifices publics.

L'historien du Valois, qui écrivait en 1765, assure que de son temps les bourgs et les villes contenaient plus de population que sous les rois des deux premières races; mais qu'à cette époque les campagnes étaient beaucoup plus peuplées. Je crois qu'il serait facile de démontrer qu'aujourd'hui les villes et les campagnes ont atteint un degré de prospérité auquel la France, à aucune époque, n'est point encore parvenue.

Nous ne finirons pas cette partie de l'histoire de Compiègne sans parler de ceux de ses habitants qui fixèrent l'attention de leurs contemporains.

En 1330, Pierre Dailly naquit à Compiègne de parents pauvres et obscurs. Il fut enfant de chœur à Saint-Antoine. Les commencements de son éducation ayant développé ses dispositions pour l'état ecclésiastique, il se voua aux fonctions sacerdotales. Il fut docteur en théologie, chancelier de l'Université de Paris, aumônier du roi Charles VI, évêque; député au concile de Pise et de Constance, il provoqua une réforme dans l'église. En 1387, il reçut le chapeau de cardinal, et fut nommé légat du Saint-Siége; il traduisit bon nombre d'ouvrages de théologie, et mourut en 1425.

Deux frères Greban, Simon et Arnoult, naquirent à Compiègne au XV° siècle. Le premier fut secrétaire de Charles d'Anjou, comte du Maine, et docteur en théologie. Le second, chanoine du

Mans. Ils traduisirent ensemble, du latin en vers français, les actes des apôtres, et Simon Greban, en 1520, traduisit, par ordre du roi, un livre intitulé : *Le Cours de philosophie*. Ils composèrent des pièces pour le théâtre, et furent les plus illustres auteurs comiques de leur temps.

Jean Leféron, avocat au parlement, auteur du Traité de la primitive institution des rois, hérauts et poursuivants d'armes. En 1555, il publia une histoire armoriale en 12 volumes, contenant les écussons, blasons, noms, surnoms, etc. des rois, princes, seigneurs, gentilshommes de France et autres royaumes, ainsi que d'autres ouvrages sur les armoiries et l'histoire.

Antoine Erlaut, évêque de Châlons-sur-Saône, fils de Mathieu Erlaut et de Hélène Crombet, laboureurs à Margny. En 1400, on y voyait son épitaphe.

Louis Lecaron, dit Carondas, seigneur de Canly, avocat au parlement. Il a composé divers ouvrages sur la jurisprudence et les belles-lettres, ainsi que quelques poésies (1540).

Antoine Muldrac naquit à Compiègne le 23 septembre 1605, sur la paroisse Saint-Antoine. A l'âge de 16 ans, il reçut l'habit de l'ordre de Citeaux; en 1636, il fut nommé sous-prieur de cette communauté. Au bout de quelque temps il se démit de sa charge. Il entreprit alors trois ouvrages, dont l'un espèce de chronique latine du diocèse de Soissons, ou recueil des chartes de 1131 à 1648; un autre intitulé *le Valois royal*, amplifié et enrichi de plusieurs pièces curieuses, extraites des cartulaires et archives des abbayes, églises et greffes du Valois. Le troisième avait pour titre : *Compendiosum diocesis suessionensis speculum in duos partes distinctum*, manuscrit in-folio, de 304 jusqu'en 1661, dont les citations ont été extraites de Grégoire de Tours, Flodoard, Daconien, des archives de Saint-Corneille, etc. Il mourut en 1661, à 62 ans.

Charles de Lancry, seigneur de Rimberlieu, juge noble au conseil en 1668.

Mercier (Claude-François). Cet auteur, d'une fécondité extraordinaire, a composé plus de quarante ouvrages, et en a édité un assez grand nombre. Il était membre du Lycée des Arts et de plusieurs autres sociétés littéraires. Né le 1ᵉʳ août 1763, il est mort à la fin de 1800.

Troisième Période.

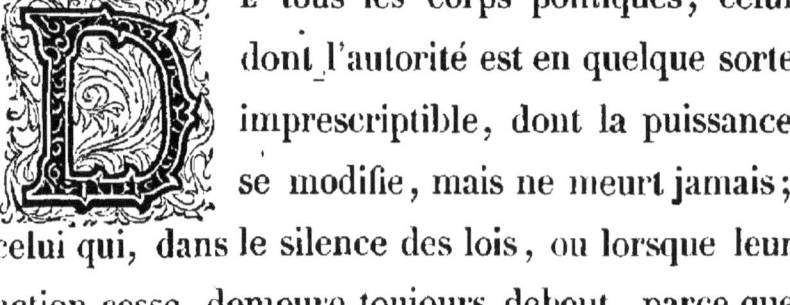E tous les corps politiques, celui dont l'autorité est en quelque sorte imprescriptible, dont la puissance se modifie, mais ne meurt jamais; celui qui, dans le silence des lois, ou lorsque leur action cesse, demeure toujours debout, parce que

la nécessité le crée, c'est le corps municipal. Quel que soit le titre que portent ceux qui le composent, prévôt des marchands ou maire, échevins, électeurs ou membres de la commune; dès qu'une crise survient dans l'état, le corps social, dont la force vitale reflue de la tête vers ses extrémités, semble n'avoir plus d'existence que dans la commune. Magistrature prise dans les rangs du peuple, ou parmi les hommes qui fixent le plus l'attention, elle sympathise avec les intérêts populaires; tandis que le fil qui lie au gouvernement tous ceux qui sont revêtus de fonctions administratives et judiciaires est brisé, tandis que tous les ressorts de la machine gouvernementale sont ou relâchés, ou rompus, le corps municipal reste; il administre de fait et de droit, s'appuyant sur les principes de justice, éternels comme le peuple dont il est émané lui-même; la société recommence; elle se reconstitue logiquement, manifestant son existence par l'action, antérieure à toute loi. Les intérêts qui s'agitent dans le sein de la commune, avant d'appartenir à l'ordre judiciaire ou administratif, appartenant tout d'abord à des actions de fait, la commune devient la régulatrice suprême; elle réunit entre ses mains toutes les branches du pouvoir; c'est d'elle que les autorités, que la force publique prennent des ordres. C'est une véritable dictature que la force des choses lui confère. Que la crise cesse, que le calme renaisse, que la société se rasseye, que fait la loi? Elle approuve en général ce qu'ont fait les communes. A qui doit-on une des plus grandes institutions modernes, la garde nationale? Aux électeurs de Paris, qui, en 1789, représentaient le corps municipal de cette ville, et auxquels s'étaient adjoints d'anciens membres du bureau de la ville et une partie des échevins. Qui a remplacé le prévôt des marchands par un maire? qui a changé l'ancienne forme du corps municipal? Les mêmes électeurs, dont l'exemple a été spontanément imité par presque toutes les communes de France. Ces deux actes de souveraineté prouvent à eux seuls quelle puissance peut exercer la commune.

Mais, de ce que des circonstances extraordinaires donnent momentanément aux communes une sorte de souveraineté, il ne s'en suit pas qu'elles puissent se passer d'un lien : ce lien, c'est le gouvernement. Après l'exercice momentané de leur puissance, lorsque la société est replacée dans son état normal, elles sont obligées de se soumettre de nouveau à sa direction : elles sont impérieusement ramenées à cet état de choses par la loi providentielle de l'unité. Si aux époques de révolution, les villes, les communes pouvaient toutes agir uniformément, dans le même but et avec le même esprit, l'état dont elles font partie se gouvernerait bientôt comme une république fédérative. Mais parmi les communes de France, les unes, pendant la révolution, suivant leurs tendances particulières, ayant dépassé certaines limites, ou étant restées en deçà, les autres embarrassées du pouvoir dont le germe est en elles, et qui venait tout-à-coup de se produire, ayant été obligées d'invoquer une direction, il est résulté de ces tâtonnements et de ce peu d'accord, que, dès que le pouvoir central se fût consolidé, il réglementa toutes les communes, abaissant les unes, élevant les autres, et leur reprenant une partie des attributions qu'elles avaient d'abord exercées.

Maintenant le pouvoir municipal en France est une administration toute d'intérieur : il n'a rien de politique. Renfermé dans des bornes étroites, il a peu d'action sur les citoyens. La centralisation puissante de l'administration française fait de chaque individu, non pas le citoyen d'une ville, mais celui de tout l'État. Un semblable système met beaucoup de force dans la main du gouvernement, et cela est nécessaire. Cependant y aurait-il un inconvénient à reculer les bornes du pouvoir municipal? Nous ne le pensons pas : nous disons même plus : nous croyons qu'en étendant la sphère de son action, cela porterait remède à ce malaise secret qui travaille la société. Oui, constituer la commune, c'est reconstituer la hiérarchie, la subordination, sans lesquelles il n'est pas de société. Le peuple a l'instinct de l'ordre et de la justice; il est toujours prêt à s'y soumettre; toujours disposé à honorer les personnes honorables, sans acception d'opinion ; mais il ne faut pas qu'il soit trop éloigné d'elles. Il faut que la chaîne des autorités, depuis le faîte de l'édifice social jusqu'à sa base, soit sans lacune. Aujourd'hui, dans le corps politique ainsi que dans l'administration communale, tout est en haut, il n'y a rien en bas ; et sans parler d'autre chose, le rétablissement des quarteniers ne contribuerait-il pas à compléter, dans les villes, cette chaîne interrompue ? Je ne vois pas, par exemple, de point intermédiaire entre le prolétaire d'une commune, et le maire qui la représente. Ils ne se connaissent pas ; or, sans rapports, point de société. Dans nos sociétés modernes, le peuple est disposé à respecter le pouvoir, mais à une condition ; il faut qu'il le voie, qu'il le touche, et qu'il ressente son action : trop éloigné de sa sphère, il tombe dans une sorte d'isolement ; alors l'indifférence ou l'égoïsme entrent dans son cœur[1].

[1] En émettant ces réflexions, l'auteur est loin de méconnaître ce que la France, dans son organisation intérieure, offre de force, de grandeur et d'avenir.

A l'époque de la révolution, presque toutes les villes avaient leur corps municipal. Quand la cour eut imprudemment essayé de se mesurer avec le peuple, et que le résultat de cette lutte eut tourné contre elle-même, les communes de France renouvelèrent leur corps municipal, et lui donnèrent la même forme qu'à Paris.

Pendant le temps que dura cette lutte, qui finit momentanément par la prise de la Bastille, toutes les communes se gouvernèrent démocratiquement; mais comme la plupart étaient sans boussole, un grand nombre d'entre elles s'adressèrent à Paris pour savoir comment elles devaient se constituer, et quel mode elles devaient suivre pour organiser leurs gardes civiques. Les électeurs de Paris, qui ne voulaient point affecter de suprématie sur les autres villes, répondaient qu'elles eussent à pourvoir elles-mêmes à la sûreté et au bon ordre de leurs communautés. Mais contrairement à ces idées, contrairement aux principes d'indépendance qu'on avait voulu introduire dans les rapports des communes à l'égard les unes des autres, puisqu'elles étaient toutes égales entre elles, la force des choses, un reste de vieille habitude, ce besoin qu'ont les hommes usés des états qui se régénèrent, d'être commandés; je dirai plus, le besoin de l'unité, venaient protester journellement contre ce gouvernement démocratique momentané, dépourvu de tout lien; la France avait choisi la capitale pour reine, et préparé ainsi, pour l'avenir, la tyrannie que plus tard Paris exerça sur elle.

Au mois de juillet 1789, le sieur Berthier de Sauvigny, intendant de Paris, est arrêté par les habitants de Compiègne. La garde de sa personne, dévolue alors aux municipaux de cette ville, accumulait sur ces derniers une terrible responsabilité. Objet de la clameur publique, il fallait, pour le sauver de la fureur du peuple, dont l'exaspération était la même à Compiègne qu'à Paris, le garder jusqu'à ce qu'un tribunal légalement constitué pût le juger. C'est ce que le corps municipal n'osa pas faire. Il en avait cependant le droit. L'autorité du gouvernement avait cédé à la puissance des communes; celle-ci s'effaçait à son tour devant celle du peuple. Cependant, il eût été facile, en raisonnant logiquement, de lui faire entendre que le combat était fini; que la victoire s'étant déclarée pour lui, elle ne devait plus avoir d'effet rétroactif, et que, par conséquent, toute violence, tout meurtre commis après elle, devaient être regardés comme une lâcheté. Qu'il était de toute justice d'attendre, pour l'y traduire, la formation d'un tribunal légal. Mais en temps de révolution, on ne raisonne pas; toutes les notions sont confondues. Les contradictions et les inconséquences se rencontrent flagrantes à chaque pas. Ainsi la ville de Paris exerce, ou volontairement, ou malgré elle, une sorte de dictature sur toutes les communes ses égales, malgré son désir, manifesté souvent, de ne s'immiscer en rien dans leur gouvernement. Les corps municipaux des provinces, oubliant qu'ils sont les égaux de celui de Paris, se rendent les exécuteurs volontaires de ses arrêts; enfin le peuple de la capitale, oubliant qu'il est vainqueur, semble ne pas se juger digne de la victoire en la salissant par deux assassinats.

Bien plus, il fait douter de sa force, car le faible seul est cruel. Au surplus, qu'est-ce que tout cela prouve? c'est que, quand des circonstances extraordinaires donnent au peuple et aux communautés une autorité passagère, ils sont exposés à tomber dans des fautes qu'ils expient toujours tôt ou tard.

Voici la lettre que des officiers municipaux de Compiègne présentèrent à Paris le vingt juillet à l'assemblée des électeurs. « Messieurs, les habi-
« tants de Compiègne, ayant été informés que
« M. Berthier de Sauvigny, intendant de Paris,
« était ici, l'ont arrêté sur le bruit que la capitale
« le faisait chercher. En conséquence, Messieurs,
« les citoyens vous dépêchent la présente, et vous
« prient de les éclairer sur la conduite qu'ils ont
« à tenir. Nous sommes avec un très profond res-
« pect, etc. » (singulière formule entre égaux).
Suivent les signatures de plusieurs officiers municipaux et citoyens.

M. Railly s'étant rendu à l'assemblée des électeurs, on délibéra sur cet objet en présence des députés de Compiègne. Il fut décidé que la ville de Paris, ne faisant pas chercher M. Berthier, et cet intendant n'étant sous le coup d'aucun décret de justice, il n'existait aucune raison légitime de le retenir prisonnier. Les députés de Compiègne ayant observé que la vie de M. Berthier était en danger, et que le seul moyen de la lui conserver était de le faire conduire dans les prisons de Paris, l'assemblée arrêta qu'il serait envoyé à Compiègne une troupe de 240 cavaliers, pour mettre en sûreté la personne de M. Berthier, et pour le conduire à Paris. M. Etienne de la Rivière fut chargé de cet ordre dont il rendit compte à l'assemblée de la manière suivante :

« Pour exécuter le mandat dont vous avez chargé M. de La Presle et moi, nous sommes partis de Paris la nuit du lundi au mardi, à deux heures du matin, après nous être entendus avec M. le chevalier d'Ermigny, chargé par M. le marquis de La Fayette de commander les 240 hommes qui devaient nous accompagner. Cette troupe est arrivée à Senlis à dix heures du matin.

« Nous venions de nous remettre en marche, lorsque les principaux habitants de Senlis, précédés d'une garde nombreuse, sont venus au-devant de nous; M. de La Presle et moi sommes descendus de voiture, environnés d'une multitude de citoyens dont nous vous rapportons les vœux et les hommages. Nous avons été conduits à l'Hôtel-de-Ville, où MM. les officiers municipaux nous ont accueillis de la manière la plus fraternelle. M. le chevalier d'Ermigny a fait rester une partie de la troupe dans la ville de Senlis, et s'est mis à la tête du détachement destiné à nous suivre; il l'a conduit à Verberie, bourg considérable, distant de trois lieues de Compiègne.

« Nous sommes partis sans escorte, M. de La Presle, M. d'Ermigny et moi; à l'entrée de la forêt de Compiègne, nous avons trouvé un détachement nombreux de la milice bourgeoise de Compiègne. Cette milice nous a entourés et conduits à l'Hôtel-de-Ville de Compiègne, où vos représentants ont été reçus comme ils l'avaient été à Senlis. Après avoir fait part de l'objet de notre mission, et présenté nos pouvoirs, il a été rédigé procès-verbal de notre arrivée, et de la remise qui allait nous être faite de la personne de M. Berthier. J'ai eu l'honneur hier de vous en faire lecture. MM. les officiers municipaux nous ont conduits dans la chambre habitée par M. Berthier de Sauvigny; il était couché et entouré de 24 hommes de garde. Je lui ai fait part de la mission dont vous m'avez chargé. Il a entendu la lecture du procès-verbal qui venait d'être rédigé. M. Berthier nous a dit qu'il allait se disposer à partir avec nous. Il était alors deux heures du matin.

« A trois heures il est monté dans son cabriolet avec M. le chevalier d'Ermigny. La garde de Compiègne a entouré sa voiture, et l'a conduit jusqu'à la première poste. Là, nous avons rencontré un détachement du district du Val-de-Grâce, qui se rendait à Compiègne. La milice de Compiègne, excédée de fatigue, a été invitée à s'en retourner. J'ai cru devoir lui faire de nouveaux remercîments, et la prier d'ajouter aux bontés dont vos représentants avaient été personnellement comblés, de rendre la liberté au lieutenant-général et au procureur du roi, qui avaient été mis en prison au moment où M. Berthier avait été conduit dans une maison de la ville. Les citoyens de Compiègne m'ont promis qu'en arrivant ils feraient sortir les deux prisonniers ; nous nous sommes séparés.

« Le détachement que nous avions laissé à Verberie, prévenu par moi que M. Berthier allait arriver, est monté à cheval et s'est tenu prêt pour ne pas retarder la marche.

« Nous devions arrêter à Senlis pour y faire rafraîchir les hommes et les chevaux ; mais la fermentation que nous avons cru remarquer nous a engagés à suivre la route jusqu'à Louvres.

« M. Berthier est arrivé à Louvres vers midi. Nous l'avons placé dans une chambre ; M. le chevalier d'Ermigny a pris les précautions les plus sages pour le mettre à l'abri de toute insulte. La garde que vous nous aviez donnée s'était accrue depuis Senlis ; beaucoup d'hommes à cheval s'étaient réunis à la troupe ; mais la foule était devenue considérable pendant que nous étions à Louvres. Nous attendions le retour du courrier que nous vous avions dépêché de Senlis. M. d'Ermigny attendait également le retour d'un courrier qu'il avait envoyé à M. le marquis de La Fayette.

« A deux heures après midi, des cris horribles se sont fait entendre dans la cour de l'auberge où nous étions ; des gens armés ont dit qu'il fallait arriver de jour à Paris. Plusieurs sont montés dans la chambre de M. Berthier, et l'ont forcé de descendre. L'on a brisé les auvents qui étaient au cabriolet dans lequel M. Berthier a été obligé de monter. La vie de M. Berthier n'était pas en sûreté ; les dangers qu'il courait devenaient imminents : M. de La Presle et moi nous avons pensé devoir partager ces dangers ; je dois à l'amitié de mon collègue l'avantage d'avoir été préposé seul à la garde du dépôt sur lequel vous, Messieurs, et la commune de Compiègne, nous aviez chargés de veiller. Je suis entré dans la voiture de M. Berthier, qui s'est cru parfaitement en sûreté auprès de moi; M. d'Ermigny a placé auprès de la voiture des hommes sûrs, au zèle et au courage desquels je dois le plus juste tribut d'éloges. Leurs soins et leur vigilance active ne pouvaient garantir M. Berthier des clameurs d'un peuple nombreux ; beaucoup de personnes me présentaient du pain de mauvaise qualité, et attribuaient à M. Berthier les maux et les malheurs dont ils se plaignaient. A une demi-lieue de Louvres, un particulier armé d'un sabre a cherché à pénétrer jusqu'à nous ; ses yeux étaient étincelants ; il paraissait vouloir diriger des coups contre M. Berthier ; j'ai couvert ce dernier de tout mon corps, et j'ai dit à cet homme que ses coups ne frapperaient M. Berthier qu'après qu'ils m'auraient frappé moi-même ; il a été éloigné, etc. »

Arrivé à Paris, on sait qu'il fut, ainsi que son beau-père, massacré sur le perron de l'Hôtel-de-Ville.

Le quatre août, quelque temps après les faits que nous venons de retracer, on abolit les justices seigneuriales, la vénalité des charges, les dîmes ecclésiastiques. Plus tard, le deux novembre, toutes les propriétés et tous les revenus ecclésiastiques sont mis à la disposition de la nation, et les ordres monastiques supprimés.

En janvier 1790, décret qui divise la France en quatre-vingt-six départements; les départements en districts; chaque district en cantons; chaque canton en municipalités.

Le 6 avril 1790, le conseil municipal de Compiègne, composé de MM. Thirial, maire, Alix, Sellier fils, Leroux, Saiget, Poulain de la Fontaine, Desmarest et Bertin, envoya à la constituante une soumission de quatre millions pour acquisition de biens ecclésiastiques, situés tant dans l'enceinte de la ville, que dans le canton et dans le district; dans un moment où l'incertitude de l'avenir devait préoccuper tous les esprits, où le trésor éprouvait une pénurie de fonds préjudiciable à la marche des divers services, où l'état enfin était obéré, certes il y avait à cet acte du courage et du dévouement. Les municipaux en informèrent officiellement les représentants de la commune de Paris; et au 31 octobre 1791, il y en avait déjà pour 2,184,959 fr. de vendus.

Le 4 août 1790, on fait afficher dans la ville l'adresse de l'assemblée nationale aux Français, les réglements sur les délibérations des corps municipaux et administratifs, un décret par lequel il est sursis à l'exécution de tout jugement définitif rendu par les cours prévôtales.

Le 16 août même année, institution des juges de paix, et des tribunaux de famille. Selon le titre X, article 12 de l'organisation judiciaire, ce tribunal avait pour objet d'aplanir les différends qui s'élevaient entre mari et femme, père et fils, grand-père et petit-fils, frères et sœurs, oncles et neveux, et autres alliés au degré ci-dessus, comme aussi entre les pupilles et leurs tuteurs. Les parties nommaient des parents, ou, à leur défaut, des amis ou voisins pour arbitres, lesquels après avoir pris connaissance de l'objet du différend, devaient rendre une décision motivée. L'arrêt de famille ne pouvait être exécuté avant d'avoir été présenté au président du tribunal du district, qui en tempérait les dispositions après avoir entendu le commissaire du roi, chargé de vérifier sans formes judiciaires les motifs qui déterminaient la famille. Le premier février 1791, on fit la levée des scellés du tribunal de l'élection. On avait besoin de recourir à ces archives pour établir le rôle des impositions.

Le 2 février 1791, on supprime le droit d'aide, les corporations, les maîtrises et jurandes.

Deux années s'étaient écoulées à peine, et l'on peut juger du chemin que la révolution avait fait. Les municipalités étaient alors accablées de travail : nous l'avons déjà dit, elles étaient tout alors.

En 1791, la commune de Compiègne ouvre un registre portant le titre modeste de registre des plaintes, et dont on envoyait périodiquement des extraits au conseil de surveillance à Paris. Sur ce registre, et en présence des délégués de la commune, venaient s'enregistrer, jour par jour, tous les faits importants survenus dans la ville. Police municipale, tranquillité publique, actes séditieux, transactions entre particuliers, contentieux; faits donnant lieu soit à des jugements de police correctionnelle, soit à des poursuites criminelles; actions civiles, infractions à la loi dans les actes publics ou particuliers; enfin toute l'économie de la vie intérieure de la société venait là se refléter et se mettre à jour. Ce registre renfermait comme en germe le principe d'action des différentes branches du pouvoir. Il résultait, de l'enregistrement circonstancié de ces faits, des espèces de procès-verbaux qui, semblables à un commencement d'instruction, faisaient la base de toute procédure, de **tout jugement** civil, ou criminel, ou administratif. Là se trouvait donc réuni ce qui de nos jours ressort du pouvoir municipal, administratif et judiciaire. Les officiers municipaux recevaient toutes les réclamations, veillaient aux intérêts des habitants dans leurs rapports avec les agents du gouvernement. La police était attribuée aux municipalités; elles veillaient à l'exécution des lois et des réglements qui la concernent; elles connaissaient du contentieux auquel cette exécution pouvait donner lieu. Le procureur de la commune poursuivait d'office les contraventions aux lois et réglements, sans préjudicier aux droits qu'a tout citoyen à qui l'on fait tort, d'intenter une action en son nom. Les municipalités recevaient le serment de tous les fonctionnaires. On conçoit à quels travaux incessants le conseil de la commune de Compiègne devait être assujéti. Ici, ce sont des volontaires de 92, qui, ayant quitté la ville de Meaux, sont mis sous la surveillance de la commune qui leur avait délivré des fusils de calibre, jusqu'à ce que leurs chefs aient répondu d'eux, et fait savoir s'ils étaient ou non nécessaires à leurs corps; là, ce sont des visites aux prisons; la surveillance à exercer pour la conservation de la forêt et des propriétés en général; le maintien du prix véritable des acquisitions d'immeubles; le recensement de la population; l'adjudication des travaux publics; l'administration des établissements publics et des propriétés de la ville; l'ordre et le programme des fêtes nationales; la fixation du traitement des employés de la ville; l'adjudication des fournitures à la troupe; la surveillance sur les voyageurs; le logement des troupes; la vérification des passeports; la vérification des caisses des receveurs des deniers publics; la surveillance sur l'exercice du culte, etc.

On avait en outre ouvert un registre dans lequel on inscrivait périodiquement les lois et les décrets promulgués par la législature.

Le maire, le conseil général de la commune, pour les objets d'intérêt public, correspondaient directement soit avec les ministres, soit avec le président de l'assemblée.

Compiègne vit quelques-uns de ses citoyens figurer dans la législature. M. Lecaron siégeait à l'assemblée législative; M. Mathieu siégea à la convention nationale et au conseil des cinq-cents; sous la restauration, M. de Cayrol, choisi par le département de la Nièvre, fit partie de la chambre des députés; M. de Lancry y représenta l'arrondissement de Compiègne; lors de la formation du tribunal de cassation, dont le siége fut fixé à Paris, M. Depronnay, de Compiègne, y fut nommé juge.

Les fédérés du département de l'Oise, envoyés à Paris pour cette fête si renommée de la fédération, étaient commandés par M. Lecaron, capitaine des chasseurs à cheval de Compiègne; c'est le frère du précédent.

Cette ville, comme toutes celles de France, eut aussi sa fête de la fédération. Autour d'un autel antique, dressé sur l'esplanade du château par les soins et sur le plan du contrôleur des bâtiments du roi, était rangée au poste d'honneur la compagnie des invalides, commandée par M. de Montmorency, gouverneur de Compiègne. La milice citoyenne, sous les ordres de M. Leféron; les chasseurs à cheval, le régiment de Berry, la maréchaussée, tous ayant à leur tête leurs chefs respectifs, et formés en bataillon carré, venaient après eux. Sur les degrés inférieurs de l'autel était rangé le conseil municipal; les vieillards étaient placés entre eux et les invalides. La messe fut célébrée par M. Debove, aumônier de la garde nationale, au bruit des fanfares et de la musique des différents corps. Le *Domine salvum*, qui termina l'office, fut chanté avec enthousiasme par tous les assistants; puis le maire, s'étant placé sur les derniers degrés de l'autel avec le corps municipal, prononça un discours analogue à la circonstance, et qui fut écouté religieusement: il le termina en articulant le serment civique, qui fut répété par les administrateurs, par les militaires, par les citoyens présents, de tout âge et de tout état, avec le plus vif entraînement. Dans la journée, il y eut distribution de vin et de comestibles, et elle fut couronnée le soir par des fêtes, des illuminations et des danses.

La conservation de la forêt de Compiègne éveilla constamment la sollicitude des administrateurs. La commune, pour cet objet, insista souvent pour conserver sa garnison. En maintes occasions, elle rendit hommage à la garde nationale commandée par M. Leféron, dont le zèle et la vigilance la sauvèrent de sa destruction. Sur les six mille habitants que contenait la ville en 1790, on en comptait alors dix-huit cents dépourvus de tout moyen d'existence. Ce chiffre énorme de pauvres devait donner aux administrateurs de terribles inquiétudes. Aussi ils renouvelèrent fréquemment auprès du chef-lieu du département des demandes de secours, tant pour fonder des ateliers de charité, que pour procurer du soulagement à la classe ouvrière. L'assemblée nationale avait pour cet objet destiné une somme de quinze millions.

Dans la même année, les communes de Margny et de Saint-Germain s'étaient volontairement séparées de la commune de Compiègne, et constituées en communes indépendantes. Cette séparation venait encore diminuer les ressources de la ville. Ce fut un moment de crise pour son conseil municipal. Jalouses d'exercer à leur tour le pouvoir, et voulant soustraire leurs habitants aux charges de la ville, les deux municipalités rebelles avaient provoqué cette séparation. Cet état de choses, tout le temps qu'il dura, porta la perturbation dans tous les intérêts locaux, et la confusion dans les divers services. On voyait, dans une même circonscription, trois conseils municipaux, trois gardes nationales se heurtant sur leur chemin, et se contrariant au détriment de la chose publique. Compiègne, chargé du logement des troupes, et de pourvoir aux besoins de ses dix-huit cents pauvres, se voyait frustré des revenus de l'octroi par la fraude et la contrebande que ces faubourgs favorisaient. Ces derniers avaient employé toutes sortes de moyens pour maintenir leur indépendance; ils allaient jusqu'à dire que les villages voisins se révolteraient si on les réunissait à la cité. Ces prétentions, au reste, semblaient prendre leur origine de loin. Elles révélaient une vieille haine contre la juridiction et l'ancienne seigneurie de l'Hôtel-de-Ville, dont dépendait le Petit-Margny. Toutefois un décret de l'assemblée nationale ordonna la réunion des deux municipalités divergentes, et l'on fut obligé de procéder à de nouvelles élections municipales. Sur 1545 citoyens actifs, le nombre des votants fut de 168, divisés en deux sections, celle des Minimes et celle des Jacobins. Presque tous les anciens conseillers furent réélus.

Au mois de janvier 1791, la municipalité, à la requête du procureur de la commune, prit un arrêté, par lequel elle administrait le collége comme à elle appartenant. Il est à présumer que les prêtres qui le dirigeaient alors s'étaient démis de leurs fonctions, depuis la constitution civile du clergé, décrétée précédemment.

En la même année, plusieurs habitants de Compiègne fondèrent une société dite des Amis de la constitution, et autorisée par le conseil municipal. Elle avait pour objet de former des administrateurs, d'éclairer le peuple en lui expliquant les décrets, d'aider les communes dans la rédaction de leurs rôles, etc... En effet, à cette époque de transition d'un état social à un autre, l'assiette des contributions devenait d'une difficulté extrême pour beaucoup de municipalités. Il fallait qu'elles comptassent dans leur sein des hommes capables, éclairés et travailleurs. Un grand nombre d'entre elles établissaient mal leurs rôles, soit en omettant des contribuables, soit en ne se conformant pas à la loi. Il en résultait des retards dans les rentrées, et des surcharges pour les contribuables. Pour obvier à cet inconvénient, un sieur Bachod proposa aux communes de créer un agent qui, sous sa direction, serait chargé de ce travail : il indiquait les moyens à suivre pour le diviser et le classer de manière qu'il pût être d'un emploi facile et pour la répartition des contributions et pour la vérification des percepteurs. Les communes devaient chacune lui assigner un traitement annuel de 18 à 24 livres. Cet agent aurait eu un certain nombre de commis sous ses ordres ; et dans le prospectus où tous ces avantages étaient détaillés, il ajoutait qu'on aurait trouvé le moyen d'occuper un bon nombre de feudistes, réduits par leur suppression à un état d'oisiveté. Le 1ᵉʳ février 1791, on fit la levée des scellés du tribunal de l'élection. On avait besoin de recourir à ses archives pour établir le rôle des impositions.

Disons ici un mot sur les contributions. Elles s'adjugeaient au rabais en 1791. Cette année, un sieur Delaplace se rendit adjudicataire des contributions, foncière, mobilière, et des patentes, dont le total pour Compiègne s'élevait à la somme de 96,056 livres, moyennant 6 deniers pour livre pour la contribution foncière montant à 33,429 liv., et de 3 deniers pour livre pour la contribution mobilière et des patentes, montant à celle de 62,627 liv. Il était tenu de fournir un cautionnement du tiers du montant total des contributions, ainsi qu'un répondant qui s'obligeait conjointement et solidairement avec lui. Cette adjudication, ayant été faite devant le conseil municipal seul, à l'exclusion du conseil général, fut déclarée nulle, et adjugée de nouveau en présence de ce dernier, qui était responsable, envers l'administration du district, de leur recouvrement. Le contingent des contributions du district de Compiègne fut fixé, pour 1792, à la somme de 491,127 liv. 10 s.

En 1791, la ville était divisée en sept sections, savoir : celle de l'Oise, du château, de Saint-Jacques, de Saint-Antoine, de la place au Foin, du Pont-Neuf, et de la forêt. La première et la dernière avaient rapport au territoire de la communauté, et les cinq autres concernaient la ville proprement dite.

Le 13 février, le conseil arrête que deux délégués de la commune liront, à l'issue des deux messes paroissiales, sur le refus de le faire des curés de Saint-Jacques et de Saint-Antoine, l'instruction relative à la constitution civile du clergé.

Le 29 mars un *Te Deum* fut chanté pour la convalescence du roi.

Le 14 mai de la même année, le conseil général prit une délibération par laquelle il créait pour 6,000 livres de billets municipaux. Cette somme était consignée dans la caisse de la municipalité, et échangée contre des assignats qui ne pouvaient être au-dessus de 100 livres. Ces billets étaient destinés à servir de monnaie aux assignats, dont les plus petits étaient de cinq livres. Le conseil général avait adopté les divisions suivantes : dix sous, quinze sous, vingt, trente, quarante et cinquante sous. Pour éviter la fraude, le papier devait être signé par trois membres du conseil; on se réservait d'augmenter la somme des émissions quand les besoins l'exigeraient. Ces billets, pour les transactions de tous les jours, pour les menus besoins, présentaient tant d'avantages que chaque jour le commerçant, l'entrepreneur, le propriétaire, venaient en demander. On en créa bientôt pour la somme de 12,000 livres, et cette émission ne tarda pas à être suivie d'une autre de 50,000 livres. En octobre 1792, il en avait émis pour 180,435 livres.

La municipalité fit, la même année, l'acquisition de la maison des Capucins ; le prix d'achat devait être prélevé sur le bénéfice que la commune avait fait sur celle des biens nationaux. Plus tard elle fit aussi l'acquisition du couvent des Minimes, pour y placer les frères des écoles chrétiennes ; il coûta 16,100 livres.

Le 16 juin 1791, le conseil municipal vendit, moyennant la somme de 1,276 liv. 2 sous, deux pièces de canon hors de service, l'un du poids de 830 livres, l'autre du poids de 993 livres. Ces deux pièces étaient la propriété de la ville, et avaient dû servir dans le temps des guerres de la Ligue. C'était deux canons allongés appelés couleuvrines ; et on peut se faire une idée de leur volume, en les comparant, pour leur poids, aux pièces de 8, aujourd'hui seules en usage pour le service de campagne, et qui pèsent 430 kilog. La ville possède maintenant un matériel d'artillerie composé de quatre pièces de 4, données en 1830 par le gouvernement. Ces pièces sont encore en bon état, mais ne sont pas entretenues. Il faudrait que le matériel fût repeint, les fentes du bois bouchées avec du mastic[1], les affuts numérotés, les agrès remis en état, et les pièces nettoyées. La possession de ce matériel place la ville dans une position exactement semblable à celle des directions d'artillerie qui ont des parcs d'artillerie à conserver, et l'on n'ignore pas avec quelle sollicitude ces établissements s'acquittent de ces devoirs. Il serait également à désirer que, pour le service de ces pièces, on adoptât les théories en usage dans les régiments d'artillerie; malgré que ces affuts soient à la Gribeauval, on pourrait très bien, par exemple, supprimer l'usage des prolonges.

Au mois de juillet tombèrent entre les mains de la garde nationale deux adresses; l'une de la garde nationale du Port-au-Prince, au roi; l'autre

---

[1] Pour peindre le bois on se sert d'une couleur olive, composée d'huile de lin cuite, de noir de fumée, d'ocre jaune et de térébenthine. Deux couches pour le fer d'une couleur noire composée d'huile de lin cuite, de noir de fumée et de térébenthine.

Le mastic est composé de blanc d'Espagne et d'huile de lin cuite.

(*Aide-Mémoire à l'usage des officiers d'artillerie*).

de la garde nationale de Saint-Domingue à l'assemblée nationale; elles furent toutes deux déposées au secrétariat de la mairie jusqu'à réclamation.

Le 2 août 1791, huit heures du soir, le conseil général assemblé arrêta que trois députés de la commune se transporteraient à la municipalité de Paris, pour obtenir l'autorisation de ramener à Compiègne la dépouille mortelle de M. Leféron, commandant de la garde nationale, et dont la mort prématurée avait jeté le deuil dans le cœur de tous ses compatriotes. Les dépenses, auxquelles donnèrent lieu le convoi et les cérémonies publiques qui furent prescrites à cette occasion, s'élevèrent à la somme de 1,500 fr. On ne peut mieux honorer la mémoire d'un citoyen que ne l'a fait Compiègne en cette circonstance; une semblable manifestation, spontanée et unanime, est l'hommage le plus flatteur qu'on puisse rendre au mérite de l'homme public, et aux vertus du citoyen. M. Chabanon, l'aîné, de l'Académie française, et nommé citoyen de Compiègne, fit l'éloge historique de M. Leféron.

Le 16 octobre même année, le conseil général voulant assurer le maintien de l'ordre et la tranquillité de ses séances et de ses délibérations, souvent interrompues par le grand nombre de femmes, d'enfants, d'hommes ivres et de citoyens non actifs qui pénétraient dans la salle, arrêta que la gendarmerie nationale garderait ses issues, veillant à ce qu'il ne s'y introduisît ni femmes, ni enfants, ni citoyens non actifs ou ivres.

Le 4 mai 1792, la municipalité envoya au directoire du district l'état des biens dont les propriétaires étaient absents; il résulte de cet état, que Monsieur, frère du roi, possédait à Compiègne un grand hôtel situé rue d'Ardoise; que le comte d'Artois en possédait un rue Leféron (aujourd'hui rue d'Enfer), que le prince de Lambesc avait des meubles dans l'un de ces hôtels; et que les sieurs d'Angevilliers, Dutillet et Boulainvilliers n'habitaient plus Compiègne.

Le 31 mai de la même année, les administrations locales se déclarèrent en permanence.

Le 8 août 1792 trouvait les officiers municipaux de Compiègne pleins de reconnaissance pour le roi qui avait donné des logements aux troupes dans les bâtiments du château. Le conseil assurait S.M. qu'il veillerait de tout son pouvoir à la conservation de ses propriétés, à celle du château et de la forêt. Deux jours après, le malheureux monarque perdait le trône, et allait être renfermé dans la tour du Temple, d'où il ne devait sortir que pour marcher à l'échafaud.

Voici quelles étaient, dans tous les chefs-lieux de districts, les autorités et la composition des nouvelles administrations locales, œuvre glorieuse de la constituante. Le corps municipal était composé d'un conseil général de douze membres; d'un directoire formé de huit membres, et de la municipalité. Cette dernière comptait dans son sein un maire, huit officiers municipaux, le procureur de la commune, le secrétaire-greffier, et le trésorier de la ville. Le maire était président né du conseil général et du conseil municipal.

La chambre des notables était de dix-huit personnes.

Le tribunal était composé d'un président et de quatre juges, d'un commissaire du roi, d'un accusateur public, du greffier et de son adjoint, et de trois juges suppléants. Il existait sept avoués près le tribunal, et quatre huissiers.

Six personnes formaient le bureau de conciliation, qui rendit de grands services.

Il y avait un juge de paix, son greffier, et un huissier de la justice de paix.

Enfin un tribunal de commerce composé de trois juges, dont un président, et le greffier.

Telle était la composition de la garde nationale : une compagnie de grenadiers, une compagnie de chasseurs à cheval, une compagnie d'artillerie, une compagnie colonelle; et enfin celle des ingénieurs pompiers. Le 30 janvier 1792, elle offrait un effectif de près de 1,700 hommes; mais il n'y avait que 200 fusils. Il y avait un bureau de loterie, un changeur du roi, l'hôpital civil, l'hôtel-Dieu, le gouvernement de la maison du roi et le collége.

Indépendamment de la foire de la Mi-Carême, qui durait alors quinze jours, la ville avait quatre foires franches qui se tenaient les trois premiers jours ouvrables de chaque quartier de l'année. Elles avaient été fondées par Henri IV, en 1590.

Tout ce qui avait rapport à l'exécution des lois et à la conservation des personnes et des propriétés, était dans les attributions de la municipalité. Quant aux mesures financières, au recrutement, aux mesures générales et aux objets d'administration publique, cela regardait le directoire. Ces deux autorités se croisaient quelquefois entre elles; elles s'invitaient réciproquement à veiller à l'exécution des lois, et parfois se donnaient mutuellement des ordres.

Rendons ici un sincère et public hommage à tous ces hommes éclairés, pleins de zèle et d'énergie, qui, au début de la révolution, furent placés à la tête des administrations locales, et rendirent d'immenses services à la chose publique. Ils étaient, à cette grande et solennelle époque de renovation sociale, les metteurs en œuvre de toutes les pièces qu'on apportait à l'édification de la société nouvelle. Chargés de rendre la force à un corps expirant, ils lui inoculaient chaque jour de nouveaux principes de vie : et que de soins, que de prudence, que de sagacité, quelle aptitude ne durent-ils pas déployer dans l'exécution de cette tâche difficile. La révolution attaquant tous les intérêts et les anciens usages, déracinant les abus, s'adressant à toutes les idées, appelant à son aide toutes les branches même des connaissances humaines, les conseils municipaux étaient chargés de faire passer à l'état de fait accompli des prescriptions qui n'existaient encore nulle part; des lois qui, conçues dans le silence du cabinet, élaborées au foyer de l'intelligence, discutées à la tribune, emportées de haute lutte après des séances orageuses, n'avaient pas toujours pour elles toute la maturité qui naît de la pratique et de l'expérience. Aussi quels hommes! Ce sont eux qui formèrent cette pépinière inépuisable de fonctionnaires publics et d'administrateurs qui, sous le consulat et au commencement de l'empire, donnèrent tant d'éclat à l'administration française.

Avant le 10 août, le conseil, plein de sollicitude pour les intérêts des habitants, cherchait avec raison à diminuer les charges provenant des logements militaires. L'interêt de localité s'effaça devant les besoins impérieux de l'état, et un arrêté du comité permanent déclare que Compiègne fera les plus grands efforts pour venir au secours des généreux défenseurs de la patrie, et manifester aux yeux de la nation le patriotisme dont elle fut toujours animée. Lors de l'arrivée des fédérés[1] à Compiègne, il s'y passa un événement

---

[1] On sait qu'à la Législative, les Girondins firent décréter la formation, sous Paris, d'un camp de vingt mille hommes, composé de fédérés de tous les départements. Louis XVI en sanc-

qui prouve que les populations ont souvent des élans admirables. Le pain qui leur avait été délivré était de la plus mauvaise qualité. Le commis du préposé aux subsistances avait été grièvement maltraité par les volontaires, et il fallait pourvoir au remplacement de ce pain. La commune ayant fait une proclamation, les habitants s'empressèrent d'apporter à l'Hôtel-de-Ville tout le pain dont ils pouvaient disposer, et il y en eut bientôt une provision plus que suffisante. La quantité devait être considérable, puisqu'elle suppléa à la distribution du pain de deux mille hommes. Il y eut à cette occasion une enquête très détaillée, dont le procès-verbal fut envoyé au président de l'assemblée nationale.

Avant et après le 10 août, les communes prennent des mesures de sûreté, organisent les gardes nationales, redoublent de vigilance, proclament comme à Paris le danger de la patrie, reçoivent

---

tionnant ce décret, le modifia en ordonnant qu'il serait réuni dans les plaines de Soissons.

les engagements volontaires, et se déclarent en permanence. Des fusils ayant été confisqués à des délinquants, ils avaient été déposés au greffe du tribunal; un arrêté de la municipalité les fait déposer à la mairie.

Le 25 août 1792, eut lieu, chez le greffier de la justice de Saint-Corneille, la levée des scellés qui précédemment avaient été apposés sur les archives du greffe. Ce dernier ayant voulu obtenir une copie de l'acte d'apposition de ces scellés, il fut arrêté en conseil que l'on passerait outre, et que si ce citoyen faisait résistance, on emploierait la force armée.

La municipalité avait pris, à l'époque de la proclamation du danger de la patrie, un arrêté qui prescrivait aux commandants de la garde nationale de se présenter soir et matin à la commune pour rendre compte de tout ce qui se passait dans la ville. Le 18 août, cet ordre n'ayant pas été exécuté, le comité permanent de surveillance fait comparaître devant lui les deux commandants. L'un d'eux ayant répondu d'une manière peu convenable, on en référa au Directoire, qui prit un arrêté par lequel il se bornait à leur prescrire l'exécution de leurs devoirs, et autorisait le maire à les leur rappeler.

Dans ce même mois, les citoyens, les fonctionnaires publics, toute la force armée, prêtèrent serment de maintenir la liberté et l'égalité. Le maire, monté sur l'autel de la patrie, dressé dans le champ de la fédération, ayant juré le premier, les corps constitués, les autorités civiles et militaires le prêtèrent successivement entre ses mains.

Pendant le temps qui précéda la crise du 10 août, on remarque que les séances du conseil général demeurent suspendues par l'absence de la plupart de ses membres. Les hommes les plus prononcés formèrent seuls un comité permanent de surveillance, qui prit les mesures que les circonstances exigeaient. Ce comité, établi dans un moment de transition entre la monarchie constitutionnelle et la république, continua seul la chaîne des opérations et des actes émanés du corps muni-cipal. A partir de cette époque, la correspondance municipale est beaucoup plus brève, les formes sont plus acerbes; de nouveaux conseillers ont succédé aux anciens. Les recrues, les campements, les fournitures, les affaires de la guerre occupent presque exclusivement les administrateurs. Les communes correspondent entre elles pour se prévenir de l'encaissement et de l'émission de leurs bons. Déjà apparaissent les symptômes de grands événements. Les bases de l'édifice ont été jetées; mais on n'a pas eu le temps de l'achever : le champ de l'examen et du raisonnement est clos; le temps presse, on exécute; ce sont des hommes d'action qu'il faut.

La ville éprouva, dans le courant de septembre de la même année, une grande pénurie de fonds : les caisses du receveur de la fabrique, et du trésorier de la ville, étaient vides. Il ne s'agissait que de faire une avance de soixante francs à chacun des cinq conducteurs de chevaux de réquisition; on s'adressa pour cet objet au directoire du district.

Le nombre des volontaires enrôlés le 8 septembre fut de 120 hommes [1]. Le maire leur promit qu'on prendrait soin de leurs familles, de leurs femmes et enfants. Il leur fut donné, par tête et par jour, une livre de pain, et cinq sous par semaine.

Le 15 septembre, les membres du conseil général se divisent en bureaux, et se partagent les affaires qui chaque jour se multipliaient. Le maire et le procureur de la commune étaient, l'un le président, et l'autre le membre né de chacun des comités.

Le 17 septembre 1792, tout le matériel du château est mis à la disposition de la municipalité pour le service des volontaires et des troupes de ligne. Alors le huitième régiment de hussards se formait à Compiègne, et devait être de 2,050 hommes. Il y avait en outre une compagnie de chasseurs, et le 24e régiment de cavalerie. C'était surtout les draps qui manquaient; quant aux bois

[1] Ces enrôlements se firent après la proclamation du danger de la patrie.

de lits, aux paillasses, aux matelas et aux couvertures, on espérait en trouver assez, tant dans le château que dans les hôtels, et assez de draps pour le 24ᵉ régiment.

Le 25 septembre, le conseil général adresse au ministre Roland, par l'intermédiaire de deux députés qu'il lui dépêche extraordinairement, un rapport sur les délits effrayants qui se commettent dans la forêt.

Le moyen le plus prompt et le plus efficace qu'il propose pour arrêter ces dévastations, est la création d'une garde forestière, composée des honnêtes citoyens de la ville, auxquels on assurerait une solde, et qui se réuniraient aux gardes forestiers et aux gardes-chasse qui sont en trop petit nombre.

On insiste surtout sur la nécessité de faire peser une part de la responsabilité de ces faits sur les communes circonvoisines, dont une très grande partie des habitants commettaient ces délits.

Le 4 octobre, sur la proposition d'un membre, on fit subir au nom des rues les changements suivants :

La rue des Minimes prit le nom de rue de l'Egalité.

Dauphine,	Jean-Jacques-Rousseau.
de la Porte de la Reine,	de la Porte de la République.
de la Reine,	de la République.
des Jacobins,	des Marseillais.
Royale,	de la Convention.
Saint-Louis,	de Mirabeau.
des Petites-Ecuries du Roi,	des Patriotes.
des Ecuries de la Reine,	de Beaurepaire.
des Cordeliers,	de la Liberté.
du Château,	de la Révolution.
Vide-Bourse,	de la Fédération.
de la Porte-Royale,	de la Porte de la Fédération.
du Paon,	Voltaire.
des Capucins,	Helvétius.
Saint-Jacques,	des Grands-Hommes.
Saint-Antoine,	Hersan.
du Chat-qui-Tourne,	de la Loi.

Lors de l'expulsion de l'ennemi hors du territoire national, il fut arrêté que la permanence de nuit cesserait.

Le 26 octobre, le conseil, sur une délibération du directoire du district, arrête qu'il sera nommé deux membres pris dans son sein, auxquels seront adjoints deux citoyens de la ville, lesquels, en qualité de commissaires, constateront, chaque jour de marché, la quantité de sacs de blé amenés par les cultivateurs, et le nom de leurs paroisses; en remettront un état exact au directoire, qui jugera par lui de l'efficacité des moyens employés. C'était un avertissement indirect pour ceux des cultivateurs, qui, soit crainte, soit mauvais vouloir, n'amenaient pas leur blé au marché.

Le 2 novembre suivant, il y eut une fête ordonnée dans toute la France en mémoire des succès des armées françaises. Tous les corps administratifs, les employés civils et militaires ayant été placés autour de l'autel de la Patrie sur lequel flottaient des drapeaux avec leurs devises, la musique exécuta la *Marseillaise*. Chaque stance, prononcée par une multitude de voix d'hommes, était terminée par une salve de trois coups de canon; accompagnement digne de la majesté de ce chant.

Le 26 décembre 1792, on procéda à de nouvelles élections; le sieur Scellier fut nommé maire.

Ce ne fut que le 3 février 1793, que la ville reçut, joints à une foule d'autres décrets, celui relatif au jugement et à la mort de Louis XVI.

Depuis la mort du roi, la situation de la république s'est bien compliquée. L'Europe arme; la Convention a décrété la levée de 300,000 hommes, et la création d'un tribunal criminel révolutionnaire extraordinaire, pour juger les conspirateurs et les contre-révolutionnaires.

Le 29 mars, le maire reçoit une lettre du ministre de l'intérieur, relative aux mesures à prendre pour assurer la tranquillité publique, et s'opposer aux efforts des malveillants : à la suite de cette communication, le conseil général de la commune assemblé prend les mesures suivantes :

Il est enjoint aux maîtres de poste et aux autres loueurs de chevaux de cette ville, de n'en donner que sur le vu du bon qui sera délivré par la municipalité.

On arrête ensuite que le conseil général entrera dès ce jour, 29 mars, en permanence tant de jour que de nuit.

Que les gens suspects seront désarmés.

Que la plupart des palefreniers de la remonte générale de l'armée étant étrangers, et armés de fusils dont ils se servaient journellement pour tirer autour de leurs écuries; que plusieurs d'entre eux ayant tenu des propos qui pouvaient les faire suspecter, tous seraient désarmés.

Que les étrangers passant par la ville seraient conduits à la municipalité pour faire vérifier leurs passeports.

Enfin, qu'on remettrait en état le matériel des quatre pièces de canon que possède la ville, pour mettre les citoyens à même de résister aux attroupements qui pourraient se former contre la chose publique.

Cette délibération fut suivie d'une proclamation aux habitants.

Le 4 avril 1793, pendant la séance de nuit, sont entrés au conseil de la commune les citoyens Cayrol, commissaire des guerres, et Tardif, officier du génie, lesquels étant porteurs de lettres du général Dampierre pour le conseil exécutif, ont demandé des chevaux pour continuer leur route, ce qui leur a été accordé. Ces citoyens ont confirmé l'arrestation par Dumouriez du ministre Beurnonville, ainsi que des commissaires envoyés par la Convention; ils ont de plus déclaré que l'armée de Dumouriez, forte de 25 à 30,000 hommes, était campée à Maulde; qu'il avait établi son quartier-général à Saint-Amand; que presque toutes les villes frontières de la Flandre lui avaient fermé leurs portes, et paraissaient disposées à rester fidèles à la république : que même s'il se présentait vers Valenciennes un général autour duquel les troupes patriotes pussent se rallier, la plupart résisteraient à la séduction.

Le 5 avril 1793, notification faite par le directoire d'un décret de la Convention nationale, qui déclare que Dumouriez n'est plus général des armées républicaines; le met hors la loi, et autorise tous les citoyens à lui courir sus; annonce une gratification de 300,000 liv. à qui le livrera mort ou vif; enjoint aux membres du directoire d'envoyer ce décret dans toutes les municipalités du district. Les membres du conseil général de la commune invitèrent le directoire à les accompagner dans toutes les parties de la ville pour la publication de ce décret.

On avait d'abord ordonné qu'une seule église desservirait la ville. Le conseil général, s'appuyant sur la loi même qui n'avait prescrit cette mesure que pour les villes d'une population de 6,000 âmes, réclama en 1791, puisque celle de Compiègne dépassait ce chiffre. C'était l'église Saint-Antoine qui devait être supprimée : il faisait

XII.e SIÈCLE

Lith par Arnout d'ap C. Perint   Imp chez Kaeppelin et C.ie

Publié par Langlois

ÉGLISE S.T ANTOINE.

sentir la nécessité de conserver un édifice d'une solidité égale à sa beauté. Quand on voulut convertir les cloches en canons et en monnaie de billon, on ne conserva pour les sonneries des églises que la plus petite de leurs cloches. Plus tard on les supprima tout-à-fait. Le 18 mai 1793, le maire et les officiers municipaux notifient aux prêtres desservant les églises Saint-Jacques, Saint-Antoine et Saint-Germain, un arrêté du département qui défend de faire annoncer la messe par le son des cloches. On préludait alors au culte de la déesse Raison. Enfin les églises ayant été supprimées, on fit servir celle de Saint-Antoine de magasin à fourrages.

Le directoire ayant ordonné de mettre le chœur de l'église Saint-Corneille de niveau avec le sol de la nef, les travaux de nivellement amenèrent la découverte suivante. Le 7 avril 1794, vers six heures du soir, on trouva dans un caveau de douze pieds de long sur cinq de large, du côté gauche du chœur, au-dessous des trois statues royales, le cercueil de Jean de France, quatrième fils de Charles VI, décédé à Compiègne le 5 avril 1416, âgé de 19 ans. L'ouverture du tombeau de plomb eut lieu en présence de plusieurs habitants, et on vit avec surprise la grandeur du corps, il avait cinq pieds dix pouces, et son état de conservation; car il n'était pas totalement décharné. Le corps, retiré du cercueil et replacé sur deux barres de fer qui étaient au bord de la fosse, fut recouvert de terre. La bière de plomb fut portée au district comme appartenant à la nation.

Dans le courant du même mois d'août 1792, les officiers municipaux touchent une somme de 584 livres 6 sous 4 deniers, faisant moitié de celle de 1168 livres 12 sous 8 deniers, que l'état avait accordées à la municipalité de Compiègne, pour indemnité de la perte d'une aumône annuelle cidevant faite à l'hôpital par les religieux de Saint-Corneille. On aime à voir la rigide et austère Convention nationale s'efforcer de remplir, à l'égard des établissements de bienfaisance, les devoirs sacrés de l'humanité; devoirs dont les anciennes abbayes s'acquittaient avec plus de générosité que d'intelligence. La citoyenne Lacour, économe de l'Hôtel-Dieu, est en même temps invitée à tenir son église fermée. La loi portait que l'exercice public du culte ne devait avoir lieu que dans les églises paroissiales.

Les administrateurs de ce temps ne cédèrent en rien à leurs prédécesseurs dans les soins qu'ils apportèrent à la conservation de la forêt de Compiègne. Les coupes se vendaient devant les administrations municipales séantes aux chefs-lieux des districts. Les tribunaux prononçaient les amendes; ces dernières étaient perçues par le receveur des domaines nationaux, sous la surveillance de l'administration communale, et à la diligence de cette dernière. Elle exécutait aussi toutes les réparations aux chemins, ponts, ponceaux, etc. de la forêt. Il y eut plus tard des compagnies forestières payées et soldées comme la troupe, formées de 50 habitants de Compiègne. Elles furent instituées régulièrement par Bonanaparte le 13 nivose an 4. La commune ayant la surveillance de la forêt, elle exerçait sa juridiction par l'intermédiaire d'un commissaire de police. Celui de la ville ne pouvant suffire à un tel surcroît d'attributions, on fut obligé de demander la nomination d'un second commissaire.

De la correspondance active entre toutes les communes grandes et petites de la France était résulté une sorte de police à laquelle aucun complot ne pouvait échapper. Un citoyen Monneins, se disant aide-de-camp de Henriot, vient à Compiègne sur le bruit, qu'il disait s'être répandu, que la forêt offrait un refuge aux conspirateurs. Les officiers municipaux l'ayant rassuré, ils apprennent bientôt que cet alarmiste avait été à Senlis, et qu'il y avait tenu les mêmes discours. Aussitôt on écrit au conseil général de la commune à Paris, au comité de salut public, à Robespierre, et à la société des Jacobins, pour les informer de la situation des choses, et surtout pour leur dire que la forêt n'était l'objet que de délits provoqués par la misère et la cupidité. Compiègne avait en outre auprès de la Convention des commissaires. Si quelque service public venait à manquer, si les vivres étaient de mauvaise qualité, si enfin il y avait quelque réclamation à faire, le maire ou le conseil leur écrivait.

Tel était au 16 septembre l'état des troupes qui séjournaient à Compiègne : on y comptait huit dépôts de dragons, seize cents hommes d'infanterie; cinq cents hommes, tant cavalerie qu'infanterie, qui bivouaquaient dans la forêt, et se nourrissaient dans la ville. Ajoutez à cela deux mille chevaux de remonte, et tous les passages que nécessitaient le recrutement et le service des armées du Nord et de la Moselle, estimés à six cents hommes par jour; de plus, celui des ouvriers de tout état venant de l'intérieur, et se rendant à Paris.

Les ordres de suspension des fonctions d'officier de la garde nationale émanaient directement du comité du salut public. Au mois de thermidor an II (1793), la société populaire reçoit des dons patriotiques qui furent employés à monter et à armer deux cavaliers Jacobins.

La ville de Paris absorbait presque tous les blés des environs. Déjà, pour son approvisionnement, un décret avait mis en réquisition quatre quintaux de blé par charrue, dans l'étendue du territoire. Ce décret s'exécutait avec célérité. En octobre de la même année 1793, une autre réquisition fut frappée. De tous côtés s'élevaient des réclamations. Mais si quelques-unes d'entre elles étaient fondées, certes ce devait être celles de Compiègne. Toutefois on payait de bonne volonté; et si on ne fournissait pas tout ce qu'on demandait, on en fournissait du moins une partie.

A cette époque de 1793, toutes les existences étaient percées à jour. Survenait-il des plaintes contre les employés des divers services, ou des rivalités entre eux, on fouillait dans leur vie passée pour fixer la mesure d'estime qu'on devait leur accorder. Toutefois, une stricte impartialité présidait souvent à cette inquisition.

Le 4 ventôse an II, le maire Scellier écrit aux représentants Chaudieu et Richard près les armées du Nord, pour les détromper sur une accusation d'aristocratie qu'on avait adressée aux administrateurs de Compiègne. Ayant été obligés, à leur passage en cette ville, de se présenter à la municipalité, et un soldat d'un des régiments casernés ayant monté la garde à leur porte au lieu d'un garde national, ils avaient été choqués de ces précautions prises à leur égard. Dans sa lettre, le maire attribue la seconde mesure à l'animadvertance, mais il fait sans détour ressortir l'utilité de la première.

Vers ce temps se forma à Compiègne un comité philanthropique, et une société populaire. Il y eut aussi des commissaires vérificateurs et distributeurs, préposés au partage des secours accordés aux pauvres qui les nommaient eux-mêmes.

A cette époque, des habitants de Cambrai étaient détenus dans la ville comme aristocrates. On di-

sait qu'ils mettaient beaucoup de recherche dan
leurs repas, et qu'ils se livraient à des orgies
Le représentant Jeseph Lebon avait écrit, à cette
occasion, à la municipalité de Compiègne, en la
menaçant; il lui fut répondu qu'il avait été trompé
que la municipalité, composée d'hommes purs
n'avait jamais toléré un tel état de choses; que
la frugalité présidait aux repas des prisonniers
composés, suivant les prescriptions de l'autorité
de soupe, de bouilli et d'un plat de légumes
que les prisonniers, réunis au nombre de 117
n'avaient dans l'espace de cinq mois dépensé que
la somme de 32,000 liv., tous frais d'entretien, de
nourriture et de médicaments compris. Ce qu
faisait environ 54 liv. par mois et par tête. Il
avaient été envoyés à Compiègne par Joseph
Lebon.

Le logement des prisonniers de guerre étai
souvent pour la ville un grand sujet d'embarras
Des ordres de route n'étaient pas toujours déli
vrés aux détachements en marche; dans l'affluence croissante des affaires qui s'accumulaient

on les oubliait. Ainsi, la ville d'Amiens envoie sans ordre, un détachement de prisonniers à Compiègne. De cette ville on les renvoie à Crépy. Des reproches ayant été adressés au maire, il s'excuse en faisant ressortir les charges énormes qui pesaient sur les habitants par suite des logements militaires. On déclare que du 1ᵉʳ au 28 floréal, il était déjà passé plus de 25,000 hommes.

Quelques Anglais, qui avaient la ville pour prison, ayant excité la méfiance des autorités, furent renfermés dans le ci-devant hôtel de Toulouse. Le conseil général, sur leurs réclamations, leur donne le choix, ou de se faire apporter à manger par un traiteur, ou de désigner l'un d'eux à qui on donnerait la permission de sortir tous les jours à des heures marquées, pour faire les provisions qui leur seraient nécessaires.

Le 2 floréal, le maire de Compiègne adresse, au président de la Convention, l'adhésion des habitants au décret sur la reconnaissance de l'Être suprême, et l'immortalité de l'âme. La chaleur avec laquelle cette lettre est écrite, annonce qu'on souriait déjà au retour du culte.

Le comité de salut public fulmine, le 27 du même mois, des accusations de fanatisme et de superstition contre la commune. Le citoyen Scellier, maire, auquel, d'après les documents de l'époque, la ville de Compiègne doit vouer un tribut de reconnaissance pour son attention à prendre sa défense dans toutes les occasions, répond au comité, dont une simple menace était de nature à effrayer les administrateurs les plus intrépides, que sa religion a été trompée; et désarme sa colère, en lui assurant que presque tous les habitants sont à la hauteur des principes révolutionnaires et de la dignité d'hommes libres. Ceci est une preuve des difficultés que l'on éprouvait pour faire observer le nouveau calendrier républicain. Les membres du comité de salut public qu'impatientait tout retard apporté à l'exécution de leurs ordres, croyaient voir du fanatisme où il n'y avait en réalité que l'empire d'une vieille habitude. L'observation du décadi rencontrait des résistances, non seulement chez le peuple, mais encore parmi les autorités elles-mêmes. Le 19 frimaire an v, l'administration communale donnait aux autorités de la ville, avec invitation de s'y conformer, communication d'une lettre du ministre de l'intérieur qui lui prescrivait, d'empêcher les marchands d'étaler ce jour-là dans les rues, de fermer les lieux destinés au change et affaires commerciales; de faire suspendre, sauf le cas d'urgence, tous les travaux qui se font aux frais du gouvernement; de veiller à ce que les tribunaux vacquent; à ce qu'aucun fonctionnaire n'exerce son emploi. La commune adressait sa circulaire au président du tribunal de police correctionnelle, à la commission des hospices, au receveur de l'enregistrement, au receveur des domaines nationaux, au receveur du ci-devant district, au juge de paix, au conservateur des hypothèques. Au nombre des causes de l'inobservance du décadi, on signalait l'ouverture des salles de danse qui avait lieu le dimanche, et la fureur inconcevable pour ce divertissement, qui se manifestait depuis quelque temps dans la commune. Les honnêtes gens, disait-on, approuvaient le réglement, mais les fanatiques, les libertins, les amis de l'ancien régime, les ménétriers en étaient furieux. Ceux des petits marchands qui avaient l'habitude d'étaler le samedi, faisaient aussi des réclamations. Ils ne pouvaient vendre que ce jour-là, à cause de la répugnance apportée par les gens de la campagne à l'observation des décadis. Les communes rurales échappaient du reste à toute surveillance à cet égard ; plus éloignées de l'action et de l'œil de l'administration, leurs habitudes invétérées triomphaient de toutes les prescriptions républicaines.

Le 10 ventôse an III, la population de Compiègne se trouvait être d'environ huit mille âmes.

Quand la Convention décréta que dans chaque département il y aurait une école centrale, le maire fit tous ses efforts pour que Compiègne fût doté de cet établissement. Les bâtiments du château, ses cours, ses galeries, ses appartements, le voisinage de la forêt, offraient pour cet objet beaucoup de ressources. Cependant, Beauvais fut préféré, quoiqu'il ne pût rivaliser avec Compiègne, ni pour les avantages de la situation, ni pour la grandeur des édifices.

Sous le Directoire, on fit la demande d'une école centrale supplémentaire, et le Conseil municipal, ayant été informé que l'inspecteur de l'école nationale de la ville ne faisait point observer les décadis, le rappela à ses devoirs; on observait qu'il était important d'inspirer à la jeunesse l'amour de la patrie, de l'habituer à la stricte observation des lois; et que si l'autorité supérieure était informée de cette infraction aux décrets, ce ne serait pas auprès d'elle un titre à l'obtention de la demande que lui avait faite la commune.

La question des subsistances fut toujours, depuis le commencement de la révolution, pour les autorités locales, un objet d'inquiétudes dévorantes : en l'an IV, on craignait encore les atteintes de la faim. Les campagnes également préoccupées de leurs besoins, n'approvisionnaient les marchés qu'avec la plus grande circonspection. On était obligé, pour en obtenir, de frapper des réquisitions, et de déployer la force publique. Les cultivateurs cherchaient à s'y soustraire par tous les moyens. Une citoyenne allègue que son mari et son domestique étant malades, elle ne peut fournir le grain auquel elle est taxée; on lui répond que le peuple est malade aussi, et qu'il mérite toute espèce de soins. Une loi portait que les fermiers, cultivateurs, détenteurs de grains qui en auraient vendu aux agents du gouvernement, aux chefs d'ateliers ou aux citoyens malaisés des communes, se feraient donner une déclaration de la quantité, dont ils enverraient un double certifié par le juge de paix, aux corps administratifs, qui leur en teindraient compte sur le montant de leurs réquisitions. Cette loi devenait destructive des marchés, car au lieu de les approvisionner, ils se faisaient donner des déclarations de ventes ou réelles ou fictives, qui diminuaient d'autant cet approvisionnement. Il n'y pas de ruses qu'on n'employât pour se soustraire à ces réquisitions ; il en résultait un redoublement de mesures toutes plus acerbes les unes que les autres, des récriminations, et des réclamations continuelles entre les communes. Dans les marchés, il y avait trois personnes uniquement employées à la distribution du blé.

Il résulte des renseignements pris pendant le mois de frimaire an IV sur le prix du pain, qu'il s'est vendu quarante francs en assignats la livre. Au mois de floréal, même année, le blé fut payé 2,400 fr. la mine. Les prisonniers étaient sans pain : le maire avait disposé pour eux d'une mine de blé appartenant à un citoyen ; celui-ci ayant exigé cette somme en remboursement, elle lui fut comptée intégralement ; on ne pouvait pousser plus loin le respect de la propriété. Au mois de nivose an IV, la vente sur le marché commençait à se faire en numéraire. Le prix moyen du blé pendant le trimestre fut de huit à vingt francs le quintal ; celui du pain, de deux à trois sous et demi la livre.

La même année, le bien des pauvres de l'Hôtel-Dieu fut gravement compromis par la vente qui en avait été annoncée; on disait que moitié appartenait aux pauvres, et moitié provenait de biens ecclésiastiques. On opposait à cela que jamais il n'y avait eu de manse distincte.

Malgré les démarches de la commune, une partie de ces biens fut vendue plus tard. A la même époque, la commune dut aussi défendre pied à pied ses belles promenades, que le département voulait mettre à l'encan. Les soumissionnaires étaient constamment menacés par la plupart des habitants, que la connaissance de ce projet avait exaspérés.

Tel était à peu près, dans la même année, le personnel de l'administration communale, qui notifiait comme il suit les besoins administratifs du département :

1° Le secrétaire a nécessairement besoin d'un expéditionnaire.

2° Le chef de bureau des impositions en a indispensablement besoin d'un autre.

3° Le principal commis des logements ne pouvait se passer d'un aide, vu la position de Compiègne pour le passage de troupes, et le mouvement de l'hôpital.

4° Le commissaire du directoire exécutif avait également besoin d'un employé.

5° On portait à un, au lieu de trois, le nombre des employés pour le service des marchés. On espérait le retour de temps meilleurs.

6° Sous une dénomination quelconque, un citoyen devait être chargé de la comptabilité à laquelle donnait lieu l'administration des bois des deux maîtrises, et de tous ceux contenus dans le district, appartenant soit aux communes, soit aux prêtres séculiers et aux religieux et religieuses du canton; ainsi que le paiement des gardes de la compagnie forestière.

7° On demandait enfin un expéditionnaire pour l'officier public de la commune.

Toutes ces demandes étaient fondées. Il y avait à Compiègne un grand hôpital militaire, situé à une demi-lieue de la ville; deux hôpitaux civils, l'un de malades et l'autre de pauvres renfermés; une infirmerie de chevaux; une garnison plus ou moins nombreuse; deux magasins de vivres, l'un militaire, l'autre des contributions en nature; un magasin de fourrages militaires, un de bois, un d'habillement et de souliers; une brigade de gendarmerie, un receveur particulier, un des domaines, un de l'enregistrement, et deux des contributions; un tribunal de police correctionnelle, un de commerce; deux juges de paix; une prison, à laquelle on avait réuni celles de Noyon, de Gournay et d'Attichy.

Le ministre de l'intérieur avait retourné au département une diatribe contre les Compiégnois, et une dénonciation qui lui avait été adressée contre quelques particuliers de cette ville. On y disait que le peu de patriotes qui existaient à Compiègne en avaient été chassés; que quelques-uns avaient été obligés de vendre les domaines nationaux acquis par eux. On y parlait d'une conspiration de pains bénis; puis, de la boutique du boulanger sautant dans le cabinet de Pitt, l'anonyme dénonçait, comme résidant à Compiègne, un sieur Macavoix, parent, ami, et agent de ce dernier. On accusait enfin l'esprit public de la commune.

Les administrateurs, à l'égard de la première accusation, répondaient qu'elle avait rapport à une époque un peu reculée, et qu'elle leur était commune avec presque tous les cantons de la France. Qu'après le 9 thermidor, il y avait eu en effet une réaction; que toutes les personnes en place sous Robespierre avaient été vexées, et obligées pour la plupart de s'éloigner; mais que, ce premier moment passé, beaucoup étaient revenues dans leurs foyers, et que depuis elles n'avaient éprouvé aucune disgrâce, et n'avaient pas été obligées de vendre des domaines nationaux. Les administrateurs ajoutaient qu'ils ne faisaient pas aux Compiégnois l'injustice de dire, comme le portait la dénonciation, que ces citoyens fussent les seuls patriotes de la commune; que ce serait en faire des patriotes exclusifs, et qu'à coup sûr eux-mêmes ne voudraient pas de cette épithète, devenue odieuse depuis que des hommes de sang l'avaient usurpée. A l'égard du second grief, les administrateurs avouaient que leur surveillance ne s'était pas encore appesantie sur un sujet aussi grave; qu'après beaucoup de recherches, ils avaient enfin découvert qu'un pauvre boulanger avait une fois ou deux apposé une espèce de couronne sur une offrande; et qu'elle était si mal faite que les croyants assuraient qu'elle ressemblait beaucoup plus à la couronne d'épines de Jésus-Christ qu'à celle de Capet.

Quant à l'agent de Pitt, le sieur Macavoix, son parent et ami, il était inconnu à la plupart des administrateurs. Il résulte des renseignements pris sur son compte, que Macavoix demeurait à

Paris et y commerçait, plus de huit ans avant la révolution; qu'à l'époque de la terreur, il se retira à la campagne, d'abord près de Pontoise, ensuite à Haute-Fontaine; que lors du décret sur les étrangers, il se présenta lui-même auprès des administrateurs du district de Compiègne, leur demandant de lui assigner une maison de réclusion; qu'après l'élargissement général il avait fait connaissance intime avec des citoyens et citoyennes de Cambrai, envoyés jadis à Compiègne par le trop célèbre Joseph Lebon; qu'il avait été voir quelquefois ses compagnons de retraite; et que c'est apparemment ce que l'on appelle ses fréquents, mystérieux et politiques voyages dans les places fortes et maritimes de la république: que d'autre part les administrateurs avaient appris qu'il agiotait, comme bien d'autres, pour vivre, et qu'il donnait des leçons de langue anglaise; qu'en définitive il pouvait être un profond conspirateur, mais que rien ne l'avait encore signalé comme tel; qu'à l'égard de l'esprit public de la commune, il était à Compiègne comme partout, mêlé de bon et de mauvais;

que les fêtes civiques étaient fréquentées; les prêtres tranquilles et prudents; qu'en un mot, les administrateurs, accusés d'une part d'être fauteurs de contre-révolution, et de l'autre, dévoués aux poignards, comme hommes de sang, ne voyaient dans ces accusations contradictoires que le résultat du vaste complot qui se machinait à Paris, et qui venait d'être déjoué; et qu'ils continueraient à remplir imperturbablement leurs devoirs.

Le 5 nivôse an v, l'administration demande au ministre de la justice si la commune peut se permettre de prononcer des taxes ou des amendes contre les gardes nationaux qui ne font pas leur service. Les juges de paix s'étaient déclarés incompétents. Plus tard encore, n'ayant aucune loi positive pour punir les infractions aux règlements sur la police municipale, on fut encore obligé d'écrire au ministre de la justice. Les communes, à cette époque (1796 et 1797), perdaient de leur prépondérance; on ne leur laissait plus que les détails de simple police.

Le 19 pluviôse, l'état des citoyens du canton de Compiègne, susceptibles de voter aux assemblées primaires, était de 918, devant nommer cinq électeurs. Il s'agissait du renouvellement d'un tiers du corps législatif.

Le 14 pluviôse an VI, la ville envoie au citoyen Mathieu, pour en faire hommage au conseil des Cinq-Cents, la somme de 407 fr., produit d'une collecte faite à Compiègne, applicable moitié aux frais de la descente en Angleterre, et moitié au soulagement des prisonniers dans cette île.

En l'an VI, l'église Saint-Jacques avait été destinée à servir de temple décadaire. On devait y élever un autel à la Patrie, sur lequel aurait été placée une statue de la Liberté, haute de 6 pieds, qui était en la possession du sieur Beauvallet, artiste de Paris, et qu'il n'aurait pu exécuter à moins de 1,800 fr. C'est cet artiste qui sculpta les superbes décorations de la salle des gardes du château[1]. Plus tard on demanda au ministre l'autorisation de disposer d'une partie des meubles du château, et de ses vases pour l'ornement du nouveau temple. C'est là que l'on célébrait le culte philanthropique du directeur Rewbel. Un orateur républicain y discourait en présence des écoles, de quelques citoyens et des administrateurs, ses nouveaux néophytes : on y chantait des hymnes. Cependant le clergé, à qui on avait permis l'exercice à huis-clos du culte, s'opposait de tout son pouvoir à celui de cette nouvelle religion, qui, du reste, ne fit pas de nombreux prosélytes. On fit courir, comme envoyée du ciel, une lettre contre le schisme qui tendait à s'introduire. Les ecclésiastiques la faisaient copier aux enfants qui se disposaient à la première communion. On lacéra le tableau de la déclaration des droits, salissant avec de la boue les figures allégoriques qui en faisaient l'ornement : on affichait des placards incendiaires

---

[1] Cet artiste distingué avait cela de commun avec notre grand peintre David, qu'il était comme lui très attaché à Marat.

à la porte des églises. Les fauteurs de ces délits échappaient à toutes les recherches. On célébra quelque temps dans ce temple les fêtes de la reconnaissance de l'Être-Suprême, de l'Agriculture. Pour cette dernière, on recommandait à chaque cultivateur et à son épouse de paraître avec un bouquet de verdure et d'épis d'une main, et un instrument aratoire de l'autre, les chapeaux décorés de feuillages ou d'épis : les enfants devaient autant que possible se costumer pour cette cérémonie. Une écharpe de fleurs était leur marque distinctive, et la plupart devaient conduire en lesse un agneau ou un chevreau.

En l'an vii, il existait, selon le rôle des portes et fenêtres, 1662 habitants payant la contribution mobilière et personnelle. En 1761, il y avait 8 à 900 habitants payant la capitation.

Enfin, le 18 brumaire fit disparaître un peu plus tôt, du sein des communes, les causes journalières de difficultés locales; aux modifications apportées successivement dans les rouages de l'administration vinrent bientôt se joindre la restauration des autels et le rétablissement du culte. On était d'ailleurs comme arrivé à cet état de choses par une transition insensible : moins d'exigence d'une part, moins de résistance de l'autre l'avaient préparé. A partir de ce moment, l'administration des communes prend une forme régulière : la création des préfets dans les départements, et des sous-préfets dans les arrondissements, simplifie leurs rapports; on retire peu à peu aux communes leurs anciennes attributions, ne leur laissant que celles qu'elles ont à peu près encore aujourd'hui.

Compiègne ressentit, comme on le voit, de même que les villes importantes de France, et surtout à cause de son voisinage de Paris, le contre-coup de presque tous les événements qui se passèrent dans la capitale.

La Convention avait fait de son château un prytanée; le premier consul en fit une école des arts et métiers. Quand cette dernière fut transportée à Châlons, le château reprit sa destination première.

L'ancien palais bâti par Charles-le-Chauve, et le château que saint Louis fit construire à sa place, ne subsistent plus depuis longtemps. Louis XI, François Ier et Louis XIII, modifièrent successivement le palais bâti par saint Louis. Louis XV fit construire la belle façade qui regarde la forêt. Le grand escalier et le jeu de paume, dont on a fait une salle de spectacle en 1832, sont du même temps. La grande salle de Saint-Louis, et quelques bâtiments ajoutés par Louis XI, se voyaient encore sous Louis XV, qui les remplaça par d'autres bâtiments. Enfin, les plans modifiés de l'architecte Gabriel ne reçurent leur exécution entière que sous le règne de Louis XVI. Plusieurs siècles, comme on le voit, lui apportèrent le tribut de leurs efforts.

Napoléon ne fit pas de changements à la disposition de ses bâtiments. Mais il fit restaurer l'intérieur. Il fit construire aussi le berceau en fer, monument de sa galanterie envers Marie-Louise, qui regrettait le berceau de verdure de Schœnbrunn, dont celui de Compiègne est la représentation fidèle.

Trois grands artistes ont contribué à embellir le château par leurs talents : Girodet, par ses peintures historiques, Redouté, par ses fleurs, Beauvalet, par ses sculptures.

Le rez-de-chaussée de la façade du jardin, est le premier étage de la cour : tous ces appartements sont de plain-pied. Parmi les beautés de tout genre que ce château renferme, on cite surtout l'escalier d'honneur dont on admire les larges proportions ainsi que sa rampe, et la galerie de bal, vaste parallélogramme où sont prodiguées toutes les richesses des arts. Sous la plus grande partie des bâtiments du palais, et sous une partie de la ville, régnaient des caves, des souterrains et des excavations, du sein desquels on a extrait des pierres et des moellons, pour servir aux constructions de la ville.

Le domaine de Compiègne, en 1808, servit de retraite au roi et à la reine d'Espagne. Le château de Valençay avait été donné à leur fils, alors en rébellion contre l'autorité paternelle; rébellion à la faveur de laquelle l'empereur s'empara du trône d'Espagne, cause première de toutes ses infortunes. Les nouveaux hôtes du château, accompagnés de leur favori Manoël Godoy, prince de la Paix, ne l'habitèrent que neuf mois. La température du pays leur paraissant trop rigoureuse, il leur fut permis d'aller s'établir à Marseille, dont le climat se rapproche plus de celui de l'Espagne.

Ce fut Compiègne que Napoléon choisit en 1810, pour être le lieu de sa première entrevue avec Marie-Louise; le cérémonial qui devait l'accompagner, la tente où elle devait avoir lieu, tout avait été préparé pour cet objet; mais cédant à son impatience, l'empereur, accompagné du roi de Naples, alla au-devant de la princesse jusqu'à Courcelles, village à quelque distance de Soissons. La pluie étant survenue, ce fut sous le porche de l'église de ce village qu'il se mit à l'abri, et qu'il attendit sa nouvelle épouse. Dès qu'elle parut, il s'élança vers la calèche qui la transportait, et prit place à côté d'elle, donnant tout bourgeoisement cours à des sentiments qu'eussent gênés une froide étiquette et un vain cérémonial.

Si cette union, qui d'abord s'annonça sous les auspices les plus favorables, satisfit au vœu de son cœur, elle ne releva pas plus tard sa fortune chancelante.

Pendant les désastres de 1814, Compiègne apporta sa part de résistance aux forces combinées des étrangers. Avant de parler du siége de Compiègne, nous donnerons un précis des mouvements, des marches et des contre-marches des armées coalisées, jusqu'à Paris, ainsi que des combats que leur livra Napoléon.

Dès le mois de décembre 1813, les armées coalisées étaient échelonnées sur le Rhin, qu'elles traversèrent au mois de janvier 1814; la grande armée, sous les ordres de Schwartzemberg, présentant un effectif de 190,000 hommes, l'armée de Sibérie, commandée par Blücher, forte de 160,000 hommes, et l'armée du Nord, commandée par Bernadotte, forte de 120,000 hommes.

Lorsque l'empereur partit pour l'armée, les coalisés avaient déjà pénétré en Champagne et en Bourgogne, et occupaient le 25 janvier les places suivantes : Bourg, Châlons-sur-Saône, Dijon, Vesoul, Langres, Epinal, Toul, Nancy et Forbach. L'armée de Sibérie avait effectué le passage de la Meuse, et était venue s'établir sur la Marne, à Saint-Dizier et Joinville. Nous n'avions à opposer aux trois armées d'invasion qu'environ 130,000 hommes, commandés par les maréchaux Macdonald, Marmont, Victor, Ney et Mortier. Napoléon ayant porté son quartier-général à Châlons-sur-Marne, reprend Saint-Dizier en personne. Le 1er février, après les combats de Brienne et de la Rothière, dont les résultats ne nous furent pas avantageux, l'armée française prend position à Troyes. Mais l'empereur quitta cette ville le 7 février pour se porter à Sézanne, afin de rencontrer l'armée de Sibérie, manœuvrant sur la Marne.

Les combats de Champeaubert et de Montmirail, 10 et 11 février, de Vauchamp, 14 février, et aux environs de Château-Thierry, deux actions très brillantes, furent les résultats de ce mouvement qui amena la défaite successive des cinq corps de l'armée de Sibérie, et refoula Blücher entre la Marne et l'Aisne.

Mais pendant que l'empereur bat les corps de l'armée de Sibérie, des corps autrichiens de la grande armée occupent Montereau et Moret, s'avançant toujours sur Paris par la route de Troyes et les rives de la Seine. Faisant volte-face, et ralliant une partie des troupes des maréchaux Victor et Oudinot, au nombre de 50,000 combattants, Napoléon livre aux Austro-Russes les combats de Nangis et de Montereau, qui font tant d'honneur à nos armes, et à la suite desquels Schwartzemberg s'est retiré derrière l'Aube.

Blücher rejeté sur la droite de la Marne, et qui a opéré sa jonction avec le corps de Bulow de l'armée du Nord, n'a plus à lutter que contre 20,000 hommes, commandés par les maréchaux Mortier et Marmont. Le 27 février, Bulow s'empara de La Fère, et le 2 mars, de Soissons. La reddition prématurée de cette place, assura la jonction des armées de Sibérie et du Nord : Soissons avait déjà été occupé par l'ennemi le 17 février, lors du mouvement de retraite du corps d'armée de Blücher, entre la Marne et l'Aisne, cité plus haut, et repris le 19 par le duc de Trévise (*Moniteur* de 1814).

Napoléon, qui ne peut amener Schwartzemberg à entrer en ligne avec lui, revient de nouveau vers Reims, réunissant ce qu'il peut de troupes, et fixe son quartier-général à Berry-au-Bac, le 5 mars (*Moniteur* du 7 mars 1814). Le territoire de Laon et celui de Reims deviennent le théâtre de nouveaux combats. Les batailles de Craone et de Laon nous rendent maîtres de Soissons, où l'empereur eut son quartier-général le 11 (*Moniteur* de 1814).

Mais l'empereur se reporte une troisième fois vers Schwartzemberg placé sur l'Aube. 20 et 21, combat d'Arcis-sur-Aube, à la suite duquel Napoléon avec Macdonald se retire à Saint-Dizier et Joinville, soit pour inquiéter les derrières de l'ennemi que ce combat n'avait point arrêté, soit pour rallier des renforts venus de Metz. Ce mouvement avait été aussi entrepris dans l'espoir que Joseph et Clarke auraient su mettre Paris en état de défense.

Les routes de Châlons à Paris par Montmirail et La Ferté-sous-Jouarre, et de Vitry à Paris par Sézannes et Coulommiers, étant dégagées, les coalisés effectuèrent leur marche en avant, laissant sur leurs derrières des masses de cavalerie qui furent fortement inquiétées au combat de Saint-Dizier.

Bientôt Napoléon, étonné du mouvement de l'ennemi marchant sur la capitale malgré la position de l'armée française sur ses derrières, s'avance au secours de Paris en le tournant par Troyes et Fontainebleau, avec environ 30,000 hommes. Les maréchaux Mortier et Marmont, qui le devancent, parviennent le 28 à Brie-Comte-Robert; le 29, ile occupent Saint-Mandé, Vincennes, Charonne. Le même jour, l'empereur de Russie et le roi de Prusse ont leur quartier-général à Bondy. Napoléon avait disposé son itinéraire pour être arrivé sous Paris le 2 avril.

Malheureusement les ordres qu'il donna pour la défense de la capitale ne furent par exécutés[1].

Maintenant que l'on voit la position des différents corps d'armée, il est facile de sentir de quelle importance était la défense de Compiègne.

---

[1] Ces détails sont tirés de l'Histoire de France, par Montgaillard.

La bataille de Craone et le combat sous Laon avaient forcé l'aîle droite de Blücher, et les corps de l'armée du Nord, qui déjà avaient fait leur jonction avec lui, de s'ouvrir une voie de communication sur Paris par le bassin de l'Oise. Napoléon, après ces affaires, ayant été à la rencontre de Schwartzemberg, découvrait à la vérité la route de Paris par la Marne, mais le bassin de l'Oise était défendu par Soissons et Compiègne; la résistance de ces deux villes devenait donc de la plus haute importance. En effet, bientôt Soissons est attaqué et succombe après 2 jours de siége.

La ville de Compiègne n'avait pas attendu que l'ennemi fût à ses portes pour faire des préparatifs de défense. Différents travaux avaient été commencés dès le mois de décembre 1813. Ils s'étaient pour ainsi élevés à la voix de M. de Lancry, maire, que l'estime, l'attachement et la vénération de ses concitoyens environnèrent constamment, et qui resta jusqu'au dernier moment à son poste.

On avait construit, du côté qui regarde Paris, aux portes de Paris, la Reine, Pierrefonds, l'ancienne porte de Soissons et la place d'Armes, des barrières formées de chênes bruts solidement reliés entre eux par des traverses, et défendues par de larges fossés.

Le côté qui regarde Noyon et Soissons présentait les moyens de défense suivants. Le pont était défendu par une barricade formée de deux rangs de grumes serrées l'une contre l'autre ; le second rang était séparé du premier par un intervalle de 1 mètre 50 centimètres environ, que l'on avait rempli de terre, de pavés et de grés ; au milieu était pratiquée une embrasure donnant passage à une pièce de canon. Derrière la barricade un marche-pied devait recevoir l'infanterie et les tirailleurs nécessaires à la défense. Indépendamment de cette tête de pont, la route, à 25 mètres de distance, avait été coupée dans sa largeur par une large tranchée. Les arbres de l'avenue de Clairoix avaient été sciés et renversés sur la route. On avait de plus inondé la plaine de

Margny, au moyen d'une retenue au pont de Clairoix sur la petite rivière d'Aronde. La portion de terrain qui se trouve entre la rivière et cette route était défendue par une pièce d'artillerie dominant toute cette plaine, et placée derrière le parapet du second pont. Une pièce d'artillerie défendait également la route de Clermont.

Le prolongement de la promenade du Cours avait été coupé, à hauteur de la terrasse du château, par une tranchée qui mettait en communication les eaux de la rivière avec le grand et le petit canal.

La Porte-Chapelle, longue voûte pratiquée sous l'ancienne enceinte des fortifications de la ville, était d'une défense facile : on avait solidement scellé à l'entrée de cette voûte une porte charretière, dont l'accès était d'ailleurs défendu par une pièce d'artillerie placée sur la terrasse du château.

Tous les bacs depuis Vic-sur-Aisne étaient réunis à Compiègne, et le pont du Francport avait été coupé.

PORTE CHAPELLE.

Le point le plus vulnérable était l'entrée du château par le parc. Cependant on devait s'attendre qu'il ne serait attaqué que le dernier; car il fallait que l'ennemi s'assurât que la forêt, qui le protége, ne renfermait ni piége ni embuscades, opération délicate et qui devait prendre beaucoup de temps.

Pour intercepter la route de Paris en aval de la rivière, on avait également fait sauter le pont de Pont-Sainte-Maxence, et deux ou trois cents Polonais s'étaient retranchés sur la route de Verberie.

La ville avait pour commandant le major Othenin; le 15 février, la garnison était composée du dépôt du 14ᵉ de ligne, commandé par le chef de bataillon Mallest, de la brigade de gendarmerie, faisant le service de troupe active, d'une centaine de Polonais, et de six pièces d'artillerie servies par des canonniers de côte. Les 14 et 23 mars, elle se renforça du 2ᵉ bataillon du 6ᵉ Voltigeurs de la garde, commandé par le chef de bataillon Lecomte, et de gardes nationales venues de la Bretagne. Dès la promulgation du décret sur la création des milices urbaines, celle de Compiègne fut formée de tous les hommes valides, depuis 20 jusqu'à 50 ans; l'on choisit parmi eux tous les hommes de bonne volonté, dont on forma une compagnie franche; ils devaient agir en partisans, faire le service d'éclaireurs, et son commandement fut déféré à M. Beauvais. Cette compagnie était armée et nourrie aux frais de la ville. Cette troupe, aidée de la milice et de la faible garnison, fit seule, avant l'arrivée des deux renforts, tout le service tant intérieur qu'extérieur de la place.

Les premières escarmouches commencèrent dès le 17 février; l'ennemi venait de Noyon. Les détachements qu'il envoyait en reconnaissance s'avançaient jusqu'au milieu de la route de Clairoix. A partir de la Pompe à feu, jusqu'à la jonction de l'Aisne et de l'Oise, on avait creusé de distance en distance, sur les bords de la rive gauche de l'Oise, des trous profonds, dans lesquels se logeaient un ou deux hommes, tant de la milice urbaine que de la garnison, et de là on tirait sur l'ennemi, et on lui tuait de temps en temps du monde. Ces escarmouches continuèrent ainsi jusqu'au 15 mars, sans avoir rien de bien sérieux.

Ce jour, vers six heures et demie du matin, on aperçut une tête de colonne ennemie, entre Janville et Clairoix, s'avançant sur Compiègne; elle était composée de cavalerie, d'infanterie et d'artillerie; arrivée à un quart de lieue de la ville, elle se forma en bataille sur la grande allée de Clairoix à Compiègne. Cette route, plus élevée que le sol de la campagne, servait d'épaulement aux batteries. Nous avions alors quatre pièces d'artillerie placées sur la terrasse du château du côté du Cours; une d'elles mit hors de service, dans la matinée, une des pièces ennemies.

Bientôt un officier vint en parlementaire demander qu'on lui livrât la ville; la réponse fut qu'on n'avait encore rien fait pour la défendre.

Après avoir jeté plusieurs obus et boulets sur le palais et la ville, pour l'intimider, un nouveau parlementaire vint faire la même demande. Le chef de bataillon Lecomte, arrivé avec sa troupe le jour même à deux heures du matin, et qui se trouvait aux avant-postes, répondit : Donnez-nous un ordre de l'empereur, et nous rendrons la ville. Après cette réponse, la colonne se retira en échelons; à trois heures elle était hors de vue. La compagnie d'éclaireurs, la gendarmerie, l'artillerie et les Polonais, harcelèrent l'ennemi dans sa retraite. Les habitants des environs accoururent également, assaillant l'ennemi du haut des montagnes. De son côté, il eut plusieurs morts et blessés, du nôtre, un seul blessé (*Mon.*, 1814).

Le 23 mars, sur la nouvelle qu'un détachement de cavalerie venant de Noyon devait déboucher sur la route, le sieur Beauvais alla de grand matin avec trente hommes bien armés de la compagnie d'éclaireurs, se mettre en embuscade dans le bois de Janville, échelonnant ses hommes dans l'espace compris entre l'église et le calvaire; dès que le premier rang du détachement ennemi fut arrivé à hauteur du dernier homme de l'embuscade, il fit feu; l'ennemi ayant fait un demi-tour, reçut, en battant en retraite, tout le feu de la ligne : il eut un homme et quatre chevaux tués, un fait prisonnier, et environ une quinzaine de blessés. Le lendemain il revint en force avec de l'artillerie et de l'infanterie, pour fouiller le bois de Janville, mais il n'y trouva plus personne (*Moniteur* de 1814).

L'accès de Compiègne par la route de Clairoix était en quelque sorte interdit à l'ennemi; les moyens de défense, le courage de la garnison, les excursions de la compagnie d'éclaireurs, ayant constamment son chef à sa tête, et que l'on avait exemptée de tout service intérieur, avaient rendu infructueuse toute tentative d'attaque de ce côté; l'ennemi alors, tournant cette route par Bienville et Coudun, vint se placer sur les hauteurs de Margny, et en peu de temps descendit jusqu'aux habitations. Là, il trouva encore à qui parler ; les éclaireurs, suivis d'une partie de la garnison et de la gendarmerie, s'étant portés à Margny au pas de course, l'ennemi fut forcé de remonter sur le plateau, où il prit position près du dernier moulin. Il y fut tenu en échec jusqu'à la nuit tombante, par la garnison aidée d'une partie des habitants de Venette. Mais dès que celle-ci fut rentrée, après avoir épuisé ses munitions, il déboucha sur Venette auquel il mit le feu; il se propagea avec une telle rapidité, que le malheureux pays n'offrit bientôt qu'un vaste incendie. On eut à déplorer non seulement la perte d'une grande quantité de bâtiments dont quelques-uns portent encore la trace de ce désastre, mais celle d'environ cent cinquante habitants, trouvés le lendemain étouffés dans leurs caves et sous les décombres de leurs maisons[1].

---

[1] Napoléon, en 1815, vint au secours des malheureux habitants de Venette ; il leur accorda du bois pris dans la forêt de Compiègne, pour la reconstruction de leurs demeures.

C'est dans une de ces escarmouches, dans cette guerre de tous les jours, que MM. Biscuit aîné, Mulot et Desclèves furent pris (*Moniteur* de 1814). Les deux premiers se sauvèrent à la nage. Le dernier demeura près d'un mois avec les Prussiens, qui lui firent subir toutes sortes de mauvais traitements. Privé de nourriture, traîné à la suite de la garde du camp, tous les jours menacé d'être fusillé, il ne dut la vie qu'au décret impérial du 5 mars, qui déclare, art. 2, « que tout citoyen français, pris par « l'ennemi, et qui sera mis à mort, sera sur « le champ vengé en représailles par la mort « d'un prisonnier ennemi. »

On avait eu recours à différents stratagèmes pour faire croire à une ville bien fortifiée; on tirait de temps à autre le canon; on avait dressé, sur les remparts de la ville, des roues de voiture assemblées par des pièces de charpente; on y avait réuni des brouettes, des moyeux; tous ces ustensiles imitaient de loin un matériel d'artillerie. De distance en distance on allumait des feux ; les vingt tambours du dépôt de ligne battaient souvent la générale et le rappel, de manière à faire croire qu'une forte garnison occupait la ville. Dès que Soissons fut pris, on envoya un commissionnaire, porteur d'une lettre qui représentait Compiègne comme renfermant des moyens formidables de défense, et déguisait ses points les plus vulnérables. Ayant été arrêté aux avant-postes, sa lettre tomba entre les mains de l'ennemi : c'était précisément ce que l'on voulait.

Avant que Soissons ne fût occupé, on n'avait eu à se défendre que du côté de Margny et de Noyon. Cette ville eut alors beaucoup à souffrir, et de l'occupation de l'ennemi, et des représailles qu'ils exerçaient sur les habitants par suite des échecs éprouvés devant Compiègne.

La prise de Soissons, qui à plusieurs reprises envoya à Compiègne des bateaux remplis de malades et de blessés, ayant facilité la jonction de Bulow et de Blücher, les deux généraux concertèrent une double attaque sur Compiègne par la route de Noyon et celle de Soissons.

L'heure des suprêmes dangers est donc arrivée. Compiègne va être l'objet d'une attaque formidable. Jusqu'aujourd'hui le courage de la garnison et les différents stratagèmes employés pour faire considérer la ville comme bien défendue, l'ont garantie de tout assaut sérieux : on ignore les progrès de l'ennemi; la situation des armées n'est guères mieux connue : la résistance qu'on opposera aura-t-elle quelque succès? sera-t-elle d'une longue durée? On ne peut se dissimuler que non; si l'on succombe, le château, la ville vont être livrés au pillage, les habitants à la mort; mais ces considérations se taisent devant la loi de l'honneur et celle du devoir. D'ailleurs la cause du pays n'est pas désespérée; on est encore sous le prestige des dernières victoires de l'empereur, et la reddition prématurée de la place pourrait compromettre leurs résultats.

Le 31 mars, plusieurs batteries, placées à mi-côte de la montagne de Margny, foudroyaient la ville, lançant sur elle une grêle de projectiles; l'ennemi continua son feu toute la journée, sans autre démonstration. Pendant ce temps, nos éclaireurs et nos tirailleurs, échelonnés sur la route, échangeaient un feu très vif avec les tirailleurs ennemis placés en avant de leurs batteries. Le lendemain, 1er avril, à la pointe du jour, l'attaque devint plus vive, et à neuf heures, plus de cent coups de canon avaient été tirés; la défense fut la même. Mais bientôt une masse considérable, composée d'infanterie, de cavalerie et d'artillerie débouche sur Compiègne par la plaine de Choisy, et sur le grand parc par la route de Soissons. Il n'y avait, pour repousser cette nouvelle attaque que trois pièces de canon. L'une d'elles, placée à l'extrémité de la terrasse, balayait toute la plaine de Choisy, tenant tête à une batterie qui battait en brêche le rempart. Cette pièce, tirant à coup sûr sur un ennemi découvert, lui fit subir une perte telle qu'il fut obligé de se servir de ses morts, comme d'un

XVIIIᵉ SIÈCLE.

Lith. par Arnout d'ap. C. Perrot.

Imp. chez Kaeppelin et Cᵢₑ

PALAIS DE COMPIÈGNE,
(Façade du côté du Parc.)

Publié par Langlois.

rempart, pour se mettre à l'abri de son feu : les deux autres pièces se multipliaient en quelque sorte, parcourant tout l'espace qui précède le front du château, et se transportaient aux endroits les plus menacés jusqu'à la place d'Armes.

C'est sur le château, qui n'est défendu que par le grand et le petit parc, que l'ennemi vient définitivement concentrer une partie de ses forces : bientôt en effet les Prussiens, ayant pénétré dans le grand parc, ne tardèrent pas à forcer la grille du petit parc. Là, ils furent maintenus pendant au moins deux heures par nos tirailleurs embusqués dans tous les massifs; cependant ces derniers, forcés de se retirer après cette longue résistance, se replient, et viennent se placer derrière la balustrade de la terrasse, d'où ils continuent leur feu.

Dès lors, l'ennemi paraissait n'avoir plus qu'à s'avancer sur le glacis qui conduit graduellement jusqu'à la terrasse; il effectue ce mouvement, débouchant et par les massifs et par les rampes qui y conduisent. Resserré dans le petit espace qui seul donne accès aux appartements, ses rangs se grossissent de moment en moment, et offrent bientôt une masse compacte et d'une grande profondeur. Il jette un œil de convoitise sur le château qu'il regarde déjà comme sa proie, et s'avance formidable; mais il est à peine parvenu au haut du glacis, qu'une décharge de deux pièces d'artillerie, tirant à mitraille, et placées derrière les statues qui terminent la balustrade, le foudroye par un feu croisé, et en fait un carnage épouvantable; le désordre, la confusion, l'épouvante se mettent dans ses rangs; il abandonne ce terrain jonché de ses cadavres, et vivement poursuivi la baïonnette aux reins, il parvient, non sans peine, à se rallier derrière la grille du petit parc; là, il se reforme pour revenir de nouveau à la charge; mais reçu avec la même vigueur et la même intrépidité que la première fois, il fuit entièrement démoralisé, après avoir laissé sur la place une multitude de morts.

C'est dans cette glorieuse et mémorable journée, à la première attaque du château, que le commandant de place Othenin perdit la vie [1].

Pendant ce temps, la grande avenue conduisant à la place d'Armes était également attaquée; mais les tirailleurs, placés à chaque arbre, défendaient pied à pied le terrain.

Le lendemain, 2 avril, la nouvelle de la capitulation de Paris parvint à Compiègne; le nouveau commandant de place, jugeant que toute résistance devenait inutile désormais, dépêcha deux interprètes au camp de Margny, dont les feux de nuit avaient éclairé la ville, pour traiter de la capitulation.

---

[1] Etant sur son lit de mort, le brave major fit demander le chef de bataillon Mallest, qui l'avait remplacé dans ses fonctions. Dès qu'il put se rendre auprès de lui, le major Othenin lui dit : « Que sont devenues les barricades ? — Elles sont intactes, commandant. — Eh bien, je meurs content, répondit-il. » C'est à l'obligeance de M. Rondel que nous devons la connaissance de ces détails et de ceux du siége de Compiègne.

La défense de Compiègne, les deux faits d'armes que nous venons de signaler, et qui font tant d'honneur à la garnison et aux habitants, forment un des épisodes les plus remarquables de la campagne de 1814. Cette ville, avec une faible garnison, tint en échec un corps d'armée de 18,000 hommes. On évalue à 4,000 morts la perte de l'ennemi dans toutes les rencontres qui ont eu lieu, et celle de la garnison à 200 hommes environ.

Les habitants, dans toutes les escarmouches et les attaques, ainsi qu'à l'arrivée en bateaux des convois de blessés venant de Soissons, se montrèrent pleins d'humanité, et payèrent, comme nous l'avons vu, de leur personne ; ceux qui ne se battaient pas apportaient des vivres, du vin et des secours aux blessés et aux combattants.

Le 4 avril, le major du 26ᵉ de ligne, commandant la ville de Compiègne, écrit à M. le maire la lettre suivante : « M. le maire, veuillez, je vous prie, être l'organe de ma reconnaissance auprès des habitants de la ville de Compiègne, pour la conduite pleine d'humanité qu'ils ont tenue envers mes soldats : le soin qu'ils ont pris des blessés, l'empressement qu'ils ont mis à apporter en abondance, aux combattants, les rafraîchissements dont ils avaient besoin, sont des titres bien puissants au souvenir qu'ils ont gardé d'eux. Les journées des 31 mars et 1er avril leur rappelleront toujours la reconnaissance qu'ils doivent avoir pour la générosité des braves Compiégnois, et pour leurs estimables magistrats. »

Le conseil répondit au major la lettre suivante :

« Monsieur le Major,

« Je vous prie d'être auprès de la troupe que vous commandez l'interprète de l'admiration et des sentiments de reconnaissance des habitants de la ville de Compiègne.

« Les bataillons de gardes nationaux de la Loire-Inférieure et le second bataillon du 6ᵉ régiment des voltigeurs de la garde se sont couverts de gloire dans la journée du 1ᵉʳ avril.

« Des jours plus tranquilles vont succéder à la tourmente qui nous a agités si longtemps; mais jusqu'au dernier moment, Monsieur le Major, vous avez dignement maintenu l'honneur des armes françaises. »

Pour consacrer le souvenir de cette mémorable journée, dans laquelle les habitants avaient eu surtout pour objet de défendre leurs foyers et de conserver le château, on institua une messe d'actions de grâces à la chapelle de Notre-Dame de Bon-Secours. Elle fut célébrée pendant quelques années avec pompe, et attira constamment une grande affluence de monde. Les autorités de la ville et les membres du conseil municipal y assistaient en corps, ainsi que la garde nationale avec ses pièces d'artillerie.

La première conférence que le roi Louis XVIII eut avec l'empereur Alexandre se tint à Compiègne[1].

Ce prince qui, pendant sa proscription, ne désespéra jamais de la fortune; qui, pendant ses malheurs, conserva toujours la dignité de son caractère, sut dans cette circonstance conserver la prééminence que, dans les idées de l'Europe monarchique, on est convenu d'accorder au roi très chrétien. Les deux monarques devaient dîner ensemble; le premier qui prit place à la table royale, ce fut Louis XVIII.

En définitive, ce roi législateur était conséquent avec lui-même, conséquent avec le principe qui, combiné avec les idées nouvelles, devait donner de la vitalité à son règne; ce principe était la légitimité. L'autocrate de toutes les Russies, en plaçant Louis XVIII sur le trône, ressuscitait tout un passé; il relevait un culte

---

[1] Compiègne et ses environs.

auquel les rois de l'Europe allaient devoir la stabilité de leur pouvoir. Dans le Bourbon réintégré sur le trône de ses aïeux se personnifiait une monarchie consacrée par douze cents ans d'existence. L'asile qu'Alexandre avait généreusement accordé à Louis, la reconnaissance du protégé envers son bienfaiteur, la victoire, tout cela ne changeait rien, dans la sphère des idées dont le triomphe semblait définitivement assuré, à la position respective des deux souverains. On sait du reste que les règles de simple politesse n'ont jamais prévalu dans les rapports qui s'établissent entre les têtes couronnées.

L'année 1815 ramena pour la France et pour la ville de Compiègne l'heure des sacrifices.

Le conseil municipal, pour faire face aux travaux incessants nécessités pour l'entretien, la nourriture et le logement des armées d'occupation, se divisa, le 29 juin 1815, en deux sections : la première, chargée de la délibération sur les demandes des commandants de troupes et des rapports à entretenir avec eux : la seconde, chargée des mesures d'exécution.

La première était composée de six membres et d'un secrétaire; la seconde avait formé quatre bureaux dans son sein.

Le premier bureau était chargé des réquisitions et de leur transport.

Le second avait l'hôpital, la table des commandants, et la fourniture particulière des vivres.

Le troisième était chargé du logement des troupes, et accessoires.

Le quatrième, de la vérification et de l'ordonnancement des mémoires de dépenses.

Bientôt arrivèrent les réquisitions en draps, toiles, souliers, bottes, et fers à cheval : celles imposées à Compiègne et à Noyon se montèrent à la somme de 160,000 fr. partageables entre ces deux communes.

Plus tard, l'arrondissement fut frappé d'une contribution de 916,300 fr., dans laquelle le canton de Compiègne entra pour la somme de 178,000 fr., ce qui suppose une population de 17,800 âmes, la contribution ayant été fixée à 10 fr. par personne. Pour éviter au canton les violences dont on le menaçait en cas de retard du paiement de cette somme, MM. Leroux, Sellier, Boullée et de Cayrol signèrent deux billets payables à Paris : le noble dévouement de ces citoyens leur valut presque une prise de corps.

Pour fournir à toutes les dépenses du moment, à la table somptueuse des états-majors, aux dépenses de l'hôpital militaire, au salaire des ouvriers employés à la manutention des vivres et des fourrages, enfin aux réquisitions journalières, on vida les coffres du receveur du bureau de bienfaisance, du payeur de la couronne, du receveur de l'enregistrement ; on fit un appel à la générosité des habitants; le tout produisit une somme de 60,954 fr.

Voilà le tableau bien succint, bien imparfait sans doute de l'existence agitée et pleine de péripéties qui fut le partage des hommes qui, à la fin du siècle dernier, étaient sortis de l'adolescence. Ceux qui furent témoins de ces événements, ou qui y jouèrent un rôle; ceux que les illusions de l'espoir ou les angoisses de la crainte agitèrent tour-à-tour, qui payèrent de leur sang, ou de leur fortune, ou de la perte de leurs parents et amis, toutes nos épreuves gouvernementales, s'écrient quelquefois peut-être : Heureux, trois fois heureux ceux qui n'ont pas vu ces choses! Et quand ils comparent notre gloire passée avec les bienfaits solides et réels que recueillent les nations en temps de paix, ils disent encore : Honneur au peuple grand et généreux qui, après avoir tout fait pour l'émancipation du monde, ne craint pas de faire aujourd'hui quelques concessions pour son bonheur; heureux le peuple que la sagesse et la haute expérience de son roi prémunissent contre les séductions souvent trompeuses de la vaine gloire et l'entraînement toujours dangereux des idées.

A son retour de Reims, où il avait été se faire sacrer, Charles X s'arrêta huit jours à Compiègne, et il assista, avec le duc d'Angoulême, la duchesse d'Angoulême et la duchesse de Berry, à la procession de la Fête-Dieu, qui eut lieu dans cet intervalle de temps.

S. M. Louis-Philippe choisit en 1832 la résidence de Compiègne pour la célébration du mariage de sa fille aînée avec Léopold, roi des Belges. Ce fut le 9 août de cette année, et dans la chapelle du château que les deux époux reçurent la bénédiction nuptiale.

Le séjour des deux rois dans cette ville ne fut signalé que par quelques excursions dans la forêt et aux environs; quelques évolutions militaires commandées par le prince royal; de brillantes réceptions, et une représentation dans la salle du jeu de paume, transformée en salle de spectacle. Le fléau qui exerçait alors ses ravages en France n'avait pas permis de donner plus d'éclat à cette cérémonie.

Le château, témoin de la réunion des deux familles, le fut aussi de leur séparation, qui eut lieu le 13 du même mois, et dans laquelle le roi et la reine des Français manifestèrent une vive émotion qui fut partagée par toutes les personnes présentes à cette scène.

En 1833 on forma à Compiègne un camp de sept mille hommes.

L'année suivante on en forma un de neuf mille cinq cents hommes.

En 1837, un de vingt mille hommes.

Celui de 1841, offrant également un effectif de vingt mille hommes, était composé comme il suit : Deux compagnies du génie; deux batteries d'artillerie à cheval, deux batteries montées, deux compagnies de pontonniers, et une compagnie et demie du train des parcs ; deux divisions ou quatre brigades d'infanterie, et une division de cavalerie de trois brigades.

Les troupes occupaient les deux plaines adjacentes à Compiègne ; le front de bandière faisait face à la rive gauche de l'Oise ; la plaine du côté de Soissons portait le nom de camp d'Orléans ; celle du côté de Senlis portait celui de camp de Nemours.

C'est sur le plateau de Margny que les troupes se rendaient pour exécuter des évolutions militaires. Elles partaient à cinq heures du matin, et quittaient le champ de manœuvre à midi. Les manœuvres consistaient en marches, contre-marches, attaques, combats, retraites, prises de positions. Elles se préparèrent ainsi aux évolutions de la grande guerre, auxquelles les deux camps devaient prendre part simultanément, et qui commencèrent le 22 septembre.

Le 26 septembre le roi distribua les drapeaux aux régiments de nouvelle formation. Cette cérémonie eut lieu dans la plaine de Margny. Le roi, à cheval, avait à ses côtés le prince royal, les ducs d'Aumale et de Montpensier, M. le duc Ferdinand de Saxe-Cobourg et le prince son fils ; il était en outre accompagné du maréchal Soult, ministre de la guerre, du ministre de la marine, du maréchal Molitor, de ses aides-de-camp et de plusieurs généraux et étrangers de distinction.

La reine, Mmes les duchesses d'Orléans et de Nemours, Mme la princesse Adélaïde et Mme la princesse Clémentine suivaient le roi dans une calèche découverte.

Les drapeaux et les étendards qu'il devait distribuer étaient placés sur un tertre élevé. M. le duc de Nemours, commandant du camp, ayant fait ouvrir un ban, le maréchal, ministre de la guerre, s'est adressé aux troupes, en prononçant la formule du serment ; puis il appela les numéros des régiments dans l'ordre suivant : 22°, 23°, 24° et 25°

régiments d'infanterie légère ; les numéros des 68°, 69°, 70°, 71°, 72°, 73°, 74° et 75° régiments de ligne; ceux des 7°, 8° et 9° régiments de hussards, et le 13° régiment de chasseurs.

Les colonels de ces divers régiments ayant reçu les drapeaux des mains du roi, Sa Majesté prononça l'allocution suivante :

« Mes chers Camarades,

« Je regrette que ma voix ne puisse pas être aujourd'hui entendue de vous comme à l'ordinaire ; mais si mon organe est altéré, les sentiments que j'ai à vous manifester ne le sont pas. J'ai voulu vous donner de ma main ces drapeaux et ces étendards, glorieux souvenirs de vos devanciers, et qui vous apprennent ce que vous avez à faire pour vous rendre dignes de leur succéder dans la carrière, et de répondre à la confiance de la France et à la mienne. Je n'ai pas besoin de vous rappeler que votre premier devoir est de soutenir l'honneur du nom Français et celui des enseignes que je confie à votre valeur et à votre patriotisme. Aujourd'hui, que nous jouissons des bienfaits de la paix et que nous pouvons avoir confiance dans leur durée, nous devons plus que jamais diriger nos efforts à maintenir notre pays dans la glorieuse situation où la Providence l'a placé. Vous le feriez dans la guerre si jamais la France se trouvait dans la nécessité de la faire, et vous le ferez même au sein de la paix, par votre dévouement aux institutions qui régissent la France. C'est ainsi que vous devez aussi efficacement concourir à préserver votre patrie du malheur de l'anarchie et des désastreuses conséquences qu'elle entraîne à sa suite. Vous continuerez à les écarter loin de nous, en ne déviant jamais de la ligne que vous avez choisie avec une honorable persévérance. Oui, mes chers camarades, c'est en étant fidèles à la discipline, à nos institutions, à notre monarchie constitutionnelle, qui garantit les droits et la sécurité de tous, que vous vous montrerez dignes du glorieux nom de soldats français, et que la prospérité et la grandeur de la France seront assises sur une base inébranlable. Je suis heureux de me trouver au milieu de vous, de vous parler de ma vieille affection pour vous ; de cette affection qui remonte au temps déjà éloigné où je combattais dans vos rangs, et de vous répéter que je suis fier d'être le chef d'une armée aussi belle, aussi digne de la France et de celui qui a le bonheur de la commander. »

Des cris réitérés de vive le roi suivirent ces paroles, et l'on tira une salve d'artillerie : le duc de Nemours ayant fait fermer le ban, tous les colonels, avec les détachements qui avaient reçu les drapeaux, se rendirent à leurs corps respectifs, présentèrent les drapeaux à leurs régiments, et firent répéter à la troupe le serment qu'ils venaient de prêter en son nom.

Puis la troupe défila devant le roi ; l'infanterie en colonne, par bataillons ; la cavalerie par escadrons. La belle tenue des troupes, l'ensemble des manœuvres, la précision et la vivacité des mouvements, excitèrent l'admiration des nombreux spectateurs que cette cérémonie avait attirés.

Partout, sur leur passage, le roi et la famille royale étaient salués par de vives acclamations.

Le 27, le roi visita les deux camps. Il s'arrêta souvent devant les divers ornements de sculpture dont les soldats s'étaient plu à décorer le front du camp, et dont quelques-uns étaient vraiment remarquables. A l'issue de la revue, les troupes exécutèrent l'attaque et le passage de l'Oise sur un pont de bateaux.

Le 28, le roi et la famille royale, accompagnés de la reine Christine, arrivée le même jour au palais de Compiègne, allèrent visiter les ruines du château de Pierrefonds. Le roi est est monté jusqu'au sommet de la tour principale, d'où l'on découvre une vue très étendue et de l'aspect le plus pittoresque.

Le 29, on exécuta de grandes manœuvres et des évolutions militaires. Les troupes, sous le commandement du duc de Nemours, avaient pris position vers la ferme de Corbeaulieu, au nombre de dix-huit mille hommes. On fit la petite guerre, qui dura deux heures. Le roi se plaça au milieu d'un carré formé par un régiment, qui soutint des charges de cavalerie.

Le 30 septembre, le roi distribua des décorations.

Le même jour, il y eut, avec les mousquetons Delvigne, tir à la cible, par deux compagnies du 2ᵉ bataillon des chasseurs de Vincennes. A cinq cents mètres, vingt balles, sur cinquante, frappèrent le panneau figurant le front d'un peloton.

Le lundi, 11 octobre, le duc de Nemours, en levant le camp de Compiègne, adressa aux troupes l'allocution suivante :

« Messieurs,

« Au terme de cette réunion militaire, il m'est bien doux de vous porter les paroles de félicitation que vous méritez pour les bons résultats que vous avez obtenus. Ces résultats qui doivent être pour vous la plus noble récompense de vos peines, sont dus à votre bonne discipline, à votre zèle soutenu, à la persévérante bonne volonté que chacun a montrée. Fier d'avoir présidé ici vos efforts, je m'applaudis et me glorifie avec vous de leur succès.

« Plusieurs d'entre vous ont déjà illustré d'anciens drapeaux et d'anciens étendards; d'autres viennent d'en recevoir de nouveaux de la main du roi, et ils ont juré avec un noble élan de leur rester fidèles. Ainsi a été solennellement consacrée pour tous cette existence collective qui rend solidaires d'honneur, et qui reporte aux enseignes, comme à de vivants symboles, la gloire et les dangers communs.

« Oui, dans cette circonstance, les nouveaux régiments ont dignement suivi l'exemple qui leur avait été donné par leurs aînés. Comme toujours, l'armée s'est montrée gardienne sévère de toutes les vertus qui font la gloire et la stabilité des états. Modestes et courageux, accoutumés à chercher la considération dans l'accomplissement rigoureux de vos devoirs, vous avez compris combien, même en temps de paix, vos travaux importent au pays, et vous vous êtes mis en état de pouvoir assurer à la France respect au dehors et sécurité au dedans. Heureuse notre patrie de vous avoir pour fils dévoués et pour fermes défenseurs.

« Quant à moi, Messieurs, toujours fier de m'associer aux travaux de l'armée, je me réjouirai dans toutes les occasions de partager avec vous vos futures destinées. Puissiez-vous alors conserver, du temps que nous avons passé ici ensemble, le même souvenir que j'emporte gravé dans mon cœur. Et maintenant, Messieurs, que je dois vous quitter, reportez à vos régiments, et recevez pour vous-mêmes, les témoignages de ma vive satisfaction comme chef, et de ma sincère affection comme frère d'armes. En nous séparant, restons plus que jamais unis pour atteindre le noble but vers lequel nous tendons tous. »

Tous ces camps, destinés à l'instruction des troupes, furent remarquables par leur belle tenue et leur discipline. Ils laissent de vifs souvenirs aux habitants, qui ne se lassaient pas de venir admirer l'ordre, la tenue et la propreté qui y régnaient; les embellissements et les jardins dont les soldats avaient orné le front de bandière; les pyramides, les faisceaux d'armes, et les pièces d'artillerie, artistement sculptés en pierre, et qu'accompagnaient ces devises et ces mots magiques que le soldat français trouve dans son cœur, et qui sont écrits sur presque toutes les pages de notre histoire.

La ville possède une bibliothèque d'environ six mille volumes. Elle doit ses commencements aux livres qui furent recueillis dans tous les établissements religieux à l'époque de leur suppression. Placée d'abord au château, un grand nombre des livres qui la composaient furent égarés.

En 1806, sous l'administration de M. Dalmas, elle fut transportée à l'Hôtel-de-Ville. Conservée et mise en ordre par les soins de M. Esmangard de Bournonville, bibliothécaire, elle obtint à diverses époques des accroissements. MM. Lalondrelle, frères, anciens bénédictins, léguèrent à la ville leur bibliothèque. En 1833 et 1834 elle s'augmenta encore de trois à quatre cents volumes donnés par MM. de Crouy et de Cayrol; lesquels, après un travail assidu de plusieurs années, y mirent l'ordre qu'on y voit aujourd'hui. Nous ne pouvons pas nommer toutes les personnes dont les modestes offrandes contribuèrent à l'augmenter.

M. le comte de l'Aigle, député, lui fit obtenir un des ouvrages les plus remarquables par son importance et le luxe de ses cartes, c'est le *Voyage en Egypte*, composé par les membres de l'Institut qui furent attachés à l'expédition. On y trouve aussi les cartes du bureau de la guerre.

Un autre ouvrage, d'un grand prix, l'*Histoire de l'Art par les Monuments*, lui fut donné en 1808 par M. d'Agincourt. Amateur passionné des beaux arts, il sacrifia presque toute sa fortune pour leur élever ce monument, qui fixa les regards de l'Europe savante. M. d'Agincourt parcourut l'Angleterre, la Belgique, la Hollande, l'Allemagne, l'Italie; il étudia, dans les monuments d'architecture ancienne et gothique de ces pays, la marche, les progrès, la décadence et la renaissance des beaux-arts : il suivit avec une incroyable perspicacité, dans les produits des arts les plus fragiles, les plus minimes, le fil de leur histoire. Tous les jeunes gens qui allaient à Rome, où il mourut, trouvaient en lui la protection la plus bienveillante. Ce grand ouvrage était terminé et les planches envoyées à Paris quand la révolution éclata. Ayant perdu la plus grande partie de sa fortune, l'impression et la publication de son ouvrage ne lui rendirent qu'à peine une aisance, dont il avait jadis su faire un si noble emploi.

Compiègne vient tout récemment de s'enrichir d'un musée qu'elle doit à la munificence d'un de ses citoyens. Architecte distingué, M. Vivenel a fait don à la ville d'une foule d'objets d'art remarquables par leur travail et leur antiquité; il les a accompagnés de beaucoup de livres richement reliés, d'une collection de cartes et de plans, etc.; le tout destiné à fonder un musée dans sa ville natale. La commune répondit au vœu de cet honorable citoyen, en faisant disposer une vaste salle, destinée à recevoir ces objets d'art. Cet établissement, qui dote Compiègne d'un cabinet précieux d'antiquités, contribuera à propager le goût des sciences, et pourra s'accroître encore en servant de dépôt à tous les objets curieux de géologie, de minéralogie et de numismatique, qui pourront se découvrir dans l'arrondissement. Nous espérons qu'il s'enrichira bientôt d'une partie des découvertes qui déjà ont été faites, soit au mont Gannelon, soit dans la forêt.

La ville a également un comité d'agriculture dont les travaux naissants promettent de notables services à ce premier des arts.

La navigation de l'Oise s'est beaucoup améliorée dans ces derniers temps. L'ouverture du canal de Saint-Quentin a mis cette rivière en communication avec tous les canaux du nord. L'activité de la navigation fit bientôt sentir la nécessité de créer un canal latéral à l'Oise, depuis Manicamp jusqu'à l'embouchure de l'Aisne, sur une étendue de trente mille mètres. Depuis deux ans un nouveau canal, joignant la Sambre à l'Oise, a été également livré à la navigation, et fait communiquer l'est de la France avec Paris. Un troisième canal, celui des Ardennes, dont une partie est en cours d'exécution parallèlement à la rivière d'Aisne jusqu'à Condé, joint aussi la Meuse à l'Oise, et complète la communication de l'est avec cette rivière, aujourd'hui la plus marchande de France.

Il passe, année moyenne, dans l'Oise, environ cinq mille bateaux, dont trois mille chargés et deux mille vides, portant, terme moyen, quatre cent soixante-onze mille tonneaux. Il passe également huit mille mètres de trains de bois d'œuvre,

Les charbons de terre venant du nord ; les bois, qui forment une des branches les plus importantes du commerce du pays, et l'on peut dire la principale, par le travail que nécessite leur charroi jusqu'aux ports, leur manutention, leur chargement et leur transport en bateaux jusqu'à Paris ; les blés du Soissonnais et du Noyonnais, composent la plus grande partie du mouvement commercial. Le reste porte sur l'alun, les vins et eaux-de-vie, les verres, les objets d'épicerie, le plâtre, le foin, la paille, etc.

La plupart des grands bateaux qui naviguent de Rouen à Paris se sont construits à Compiègne. Cette ville a dû depuis longtemps être en possession de cette industrie, à laquelle surtout donna naissance l'approvisionnement en bois de la capitale, pour lequel, avant 1588, des agents étaient déjà établis sur l'Oise, comme le constate un jugement de la table de marbre, du 7 du mois de septembre, même année. Il s'y fabrique aussi les cordages nécessaires à la navigation de l'Oise et de l'Aisne.

En 1803, la population de la ville et des faubourgs n'allait pas à huit mille individus : elle est aujourd'hui de neuf mille âmes, et on a tout lieu de croire que si Napoléon avait pu repousser les coalisés, en 1814, il en aurait fait le chef-lieu du département.

FIN DU PREMIER VOLUME.

COMPIÈGNE. — IMPRIMERIE DE JULES ESCUYER.

www.ingramcontent.com/pod-product-compliance
Lightning Source LLC
Chambersburg PA
CBHW050536170426
43201CB00011B/1455